もっと介護力！シリーズ

>>> FOR BEGINNERS
はじめてでも迷わない

なぜ？がわかる

その「あたりまえ」が危ない！

高齢者ケアの感染対策 ○と✕

うつさない、うつらない、ひろげない

編著 ● **大西尚子**（社会医療法人美杉会男山病院 看護部 副看護部長）
吉田理香（東京医療保健大学大学院 医療保健学研究科教授）

MCメディカ出版

──はじめに──
うつさない、うつらない、ひろげない 高齢者の感染対策のキーポイント

　2025年以降は団塊の世代が75歳以上となり、厚生労働省は2025年をめどに「地域包括システム」の構築を推進しています。このような背景のもとで、高齢者施設や在宅ケアの役割はますます重要となります。

　高齢者に対する倫理にかなった質の高いケアの提供は、入所者や利用者の安心、安全、安楽な生活を保証するものです。しかし特に高齢者施設では、ひとたび感染症のアウトブレイク（感染拡大）が起これば、隔離やレクリエーションの中止、入浴の制限など日常生活が大きく制約され、安心した生活が送れないことになります。さらにそのような環境の変化は、認知症のBPSD（行動・心理症状）の発生や悪化をもたらすことになりかねません。

　高齢者の感染対策を考えるうえで知っておきたい特徴が5つあります。
①加齢に伴う疾患や慢性疾患を持っている利用者が多く、感染症にかかった場合、重症化しやすく、その感染症に特徴的な症状が顕著に表れないことがあること（肺炎を起こしていても高熱が出るとは限らないなど）。
②感染症には潜伏期間（感染が成立して症状が出るまでの期間）と感染可能期間（他の人にうつす可能性がある期間）があり、医師の診断を受け、感染症病名が確定してからの対策では感染拡大を防ぎきれないため、ケアの従事者が利用者の症状や"様子"などから判断し、早期に適切な感染対策が必要となること。
③高齢者施設の利用者は、急性病院などで治療を受け、さまざまな「薬剤耐性菌」（MRSAなど）を"保菌"（病原微生物を体内に持っているが発症していない）している場合があり、知らず知らずのうちに"耐性菌"が施設内に伝播している可能性があること。

④感染対策に利用者の協力が得られない場合が多いこと。たとえば隔離の必要性が十分に理解できず、居室に留まれない、マスクの着用や手洗いが十分にできない、などである。また、異食行動や不潔行動のため、擦り込み式手指消毒薬や個人防護具を廊下や居室に常備できない場合もあること。
⑤在宅ケアでは利用者個人の価値観に影響を受けたり、限られた資源で感染対策を行わなければならなかったりすること。

　以上のような特徴がありますが、感染対策としての「標準予防策」の考え方は急性期病院と同じです。
　ただ、急性期病院でのケア、たとえば中心静脈カテーテルや人工呼吸器に関連した感染対策は多くの研究がなされ、エビデンス（根拠）に基づいた感染対策が定着していますが、口腔ケアや入浴介助など、日常生活支援に対する感染対策は十分に定着しているとはいえません。しかし、すべての職員（介護者）が感染対策を実践しなければいけないのは、高齢者の介護（ケア）の場面も同じなのです。

　今回、高齢者介護で多く実践されるケアや高齢者がかかりやすい感染症に焦点をあて、「何が危険なのか（×）」「何が必要なのか（○）」「対策をしなければ何が起こるのか」という視点で、介護施設で感染対策に携わった経験のある感染管理認定看護師が、実践に即した感染対策の提案を試みました。みなさまの参考になれば幸いです。

　2017年8月

　　　　　　　　　　　　　　　　　　大西　尚子

● 執筆者一覧

氏名	所属	担当
大西　尚子	社会医療法人美杉会　男山病院　看護部　副看護部長	2章3節、3章7節、5章2節（MRSA感染症、緑膿菌感染症）
吉田　理香	東京医療保健大学大学院　医療保健学研究科　感染制御学　教授	1章、3章7節
木野田利枝	医療法人社団松下会　感染管理統括　白庭病院　院内感染管理者　感染対策室室長	2章
密井由美子	社会医療法人信愛会　畷生会脳神経外科病院　感染対策室　看護師長	3章1～3節
小野寺隆記	医療法人晋真会　ベリタス病院　感染管理室室長	3章4～6節、コラム③
小原　直子	NTT西日本　大阪病院　感染管理部　看護師長	3章8～10節
三浦利恵子	社会医療法人美杉会　佐藤病院　看護部　看護師長	4章
中島　博美	高砂市民病院　看護局主任	5章1節、5章2節（細菌とは、レジオネラ症）
大野　博美	地方独立行政法人　りんくう総合医療センター　看護局	5章2節（結核、肺炎球菌感染症、クロストリジウム-ディフィシル感染症、緑膿菌感染症）
岩井　清香	社会医療法人中央会　尼崎中央病院　看護部	5章3～4節
小谷　清美	高島市民病院　看護部長	コラム②、④～⑥

目次

はじめに ——— 3

1章 感染対策の基礎知識
1. 感染のしくみ ……………………………………………………… 10
2. 標準予防策とは ………………………………………………… 16
3. 高齢者と介護者の健康維持 ………………………………… 20

2章 感染対策その1：うつさない
1. 手洗い …………………………………………………………… 26
2. 手袋、エプロン、マスク、ゴーグルの取り扱い方 ……… 31
3. ケアに使用した器具の洗浄、消毒 ………………………… 38

3章 感染対策その2：うつらない
1. 食事介助 ………………………………………………………… 44
2. 口腔ケア ………………………………………………………… 47
3. 排泄介助 ………………………………………………………… 50
4. 入浴介助 ………………………………………………………… 54
5. 身支度介助 ……………………………………………………… 57
6. 塗り薬、点眼薬の使用 ………………………………………… 60
7. リネンの取り扱い ……………………………………………… 62
8. 水まわりの清掃：トイレ、洗面台、浴室 …………………… 66
9. 室内の清掃：手すり、ドアノブ、ベッド柵、スイッチ類、テーブルなど ………………………………………………………… 70
10. 床の拭き方と清掃道具の管理 ……………………………… 73

4章 感染対策その3：ひろげない

1. 嘔吐物、排泄物の処理 ……… 78
2. 血液、体液の処理 ……… 83

5章 高齢者がかかりやすい感染症

1. ウイルスによる感染症 ……… 88
   - インフルエンザ── 89
   - ノロウイルス感染症（胃腸炎）── 92
2. 細菌による感染症 ……… 96
   - 結核── 97
   - 肺炎球菌感染症── 100
   - MRSA（メチシリン耐性黄色ブドウ球菌）感染症── 102
   - レジオネラ症── 104
   - クロストリジウム-ディフィシル感染症（CDI）── 106
   - 緑膿菌感染症── 109
3. 真菌による感染症 ……… 112
   - 白癬（はくせん）── 113
4. 寄生虫による感染症 ……… 115
   - 疥癬（かいせん）── 116

コラム

❶ 感染経路別予防策── 24
❷ 5S活動で清掃しやすい環境に── 42
❸ 手洗いが一番！── 56
❹ 施設に合ったマニュアルを整備しよう── 76
❺ 擦り傷など軽い傷をケアするときのポイント── 86
❻ 予防接種（ワクチン）について── 120

さくいん── 121

資料のダウンロード方法

①　メディカ出版ホームページ（http://medica.co.jp/）にアクセスしてください。

②　メディカパスポートにログインしてください。取得されていない方は「はじめての方へ　新規登録」（登録無料）からお進みください。

③　本書紹介ページ（http://www.medica.co.jp/catalog/book/6899）を開き、「本文連動資料のダウンロード」をクリックします。（URLを入力するか、キーワード検索で「T280670」を検索してください。

④　「ロック解除キー」ボタンを押してロック解除キーを入力し、送信ボタンを押してください（ロック解除キーボタンはログイン時のみ表示されます）。
　　ロックが解除され、ダウンロードが可能となります。

　　ロック解除キー： **kansencare2017**

※ WEBサイトのロック解除キーは本書発行日より3年間有効です。有効期間終了後、本サービスは読者に通知なく休止する場合があります。

◎ご使用にあたって、注意していただきたいこと◎

① サービスの対象は、本書を購入された方のみといたします。メディカパスポートに登録した後、ダウンロードしていただけるシステムです。

② クイズは、施設などでの研修用資料としてお使いいただけます。

③ ご使用の際は、「なぜ？がわかる高齢者ケアの感染対策○と×」（メディカ出版）と出典を明記してください。

④ ダウンロードした資料をもとに作成・アレンジされた個々の制作物の正確性・内容につきましては、当社は一切責任を負いません。

⑤ データやID・パスワードを第三者へ再配布することや、商用利用はお避けください（商用利用：販売を目的とする宣伝広告や、ダイレクトメール、チラシ、カタログ、パンフレットなどの印刷物への利用）。

⑥ 上記②③にかなう制作物のインターネット上での公開は可能ですが、元資料のみが転用されないようご留意ください。学術論文（雑誌や書籍への投稿・執筆）に転載をご希望の場合は、当社編集管理課まで別途、転載許可をお申し出ください。

1章

感染対策の基礎知識

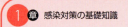

1 感染のしくみ

　　感染という言葉を聞くと、"怖いもの"という印象を受ける人がいるかもしれません。しかし、人から人へ細菌やウイルスが伝播（伝わり広がって行くこと）して感染が成立するには、自分と相手の健康状態や免疫の状態と、感染経路の問題があります。この基本的なことをよく理解していれば、それほど怖がる必要はありません。

● 感染はどのようなときに成立するか

　一般的に、通常の衛生管理と栄養管理ができている健康な人は、日常生活で感染することはあまりないと思います。では、どうして風邪をひいたり、インフルエンザにかかってしまったりするのでしょうか？　病原体（細菌やウイルスなど）側と利用者・介護者側から見て考えられる3つのパターンを説明します。

❶病原体には、病気を起こそうとする力（病原性）があり、それには病原体の毒力と菌やウイルスの量が関係しています。これらが人の免疫力よりも強くなった場合に、感染が成立すると考えられます。

❷通常の病原体ではなく、なかには毒力が強いものもあります。たとえば、ノロウイルスは毒力が非常に強く、0.1ｇの便から100人を感染させる力を持つといわれています。この場合、おむつ交換や排泄介助、清掃後などに、適切な手洗いをしていないと、ノロウイルスが介護者の手を介して本人や周囲の環境に広がり、健康な人でも感染してしまいます。

❸人の免疫力が非常に弱い場合、普段はなんともないような病原体に感染することもあります。これを日和見感染といいます。高齢者は免疫力が低下している場合が多いですが、病院や介護施設では、さらに免疫力が低下している入所者も多く、この日

和見感染が問題となっています。

つまり、感染の成立は、病原体と人の健康状態とのバランスだとイメージしてください。介護施設でいうと、利用者と介護スタッフ、双方の健康状態がよければ、たとえ病原体が存在しても感染する可能性は低いのです。ところが、利用者、介護スタッフともに健康状態が悪く抵抗力が低下している場合や、病原体の毒力や量が強く多い場合などは、感染が成立する可能性が高くなります。

抵抗力と病原体の強さのバランスで感染するニャ！

● 感染するかしないかはバランスの問題

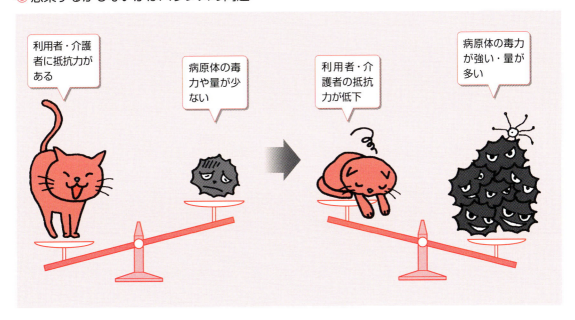

この本では、細菌、真菌、ウイルスなどを全部ひっくるめて「微生物」と呼ぶことにするニャ！

どのような感染経路があるか

感染は、人側の問題と病原体側の問題だけでは成立しません。なぜなら、病原体自体は動かないからです。それでは、どのように人から人へと伝播していくのでしょうか？

感染経路には、次のようなものがあります。

- 空気を介して感染する空気感染
- 飛沫を吸い込むことで感染する飛沫感染
- 接触することによって感染する接触感染
- 汚染された食物、水などによって感染する一般媒介物感染
- 蚊、ハエ、ネズミなどが媒介して感染する昆虫媒介感染

このうち、主に問題となるのは、空気感染、飛沫感染、接触感染であり、感染経路としては、接触感染が最も多いといわれています。

1つ目の感染経路として、介護者の手が病原体を持ち運んでしまうことが考えられるため、利用者と多く触れ合う介護者の手は、清潔でなければいけません。

手を清潔にする「手指衛生」の方法として下記の❶❷があり、感染を広げないためにとても重要な技術となります。

❶ 流水下で液体石けんを使用して手を洗い、ペーパータオルで水気をしっかり拭き取る。
❷ 擦り込み式手指消毒薬を使用して手指消毒をする。

接触感染の予防は、まず手洗いニャ！

● 感染の成立

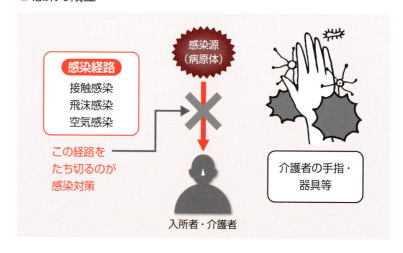

もう1つの感染経路として、器具があります。使用した器具を消毒しないで次の人に使用すると、前に使用した人の病原体が、器具を介して次の人に伝播してしまいます。同じ器具を使用しなければならない状況が、さまざまな場面で発生すると思いますが、必ず適切な消毒をして使用するようにしましょう。

● 空気感染とは

❶ 飛沫核で感染する

　空気感染は、病原体を含んだ飛沫*の水分が蒸発し、飛沫核*（5μm未満）となったものを、気道や気管に吸い込むことで感染します。飛沫核は乾燥しているため、病原性を保ったまま、単体で長時間空気中に漂うことができ、他の人にまで到達します。

❷ 空気感染による主な感染症

　結核、麻疹、水痘が主なものです。高齢者は結核罹患率も高いため、微熱や咳が2週間以上続いていたら注意が必要です。

❸ 空気感染の予防策

　空気感染の予防策は、空気を遮断して、人から人への感染を防ぐことです。したがって、感染者を空調管理のできる個室に隔離する必要があります。空調管理がない場合は個室で管理し、部屋の扉は常に閉めてください。

　器具や器材は他の利用者と分け、ケア前後の手洗いと擦り込み式手指消毒薬による手指消毒も基本です。また、感染者はサージカルマスク、介護者はN95マスクを着用します。N95マスク*は必ず、隔離された個室に入室する前に介護者や面会者が装着し、顔とマスクの間に隙間ができないようにフィットさせることが大切です。

● 飛沫感染とは

❶ 飛沫で感染する

　飛沫感染は、病原体を含んだ飛沫（5μm以上）を鼻腔や咽頭粘膜に吸い込むことで感染します。飛沫は水分を含んでいるため重く、ほとんどの場合、1mくらいで落下します。

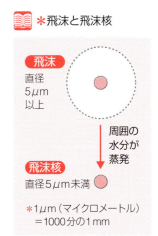

＊飛沫と飛沫核

飛沫　直径5μm以上
↓周囲の水分が蒸発
飛沫核　直径5μm未満

＊1μm（マイクロメートル）＝1000分の1mm

＊病原体については5章参照。

＊N95マスク
0.3μm以上の微粒子を、95％以上通さないマスク。結核対策などに用いる（99ページ参照）。

❷ **飛沫による主な感染症**

風邪、インフルエンザ、風疹、マイコプラズマ肺炎、百日咳、手足口病などが主な感染症です。

飛沫感染の予防策は、ケア前後の手指衛生を確実に行い、感染者、介護者ともにサージカルマスクを着用することです。感染者と他の利用者は、最低でも1～2ｍ以上距離をあけ、カーテンやパーテーションなどで仕切り、状況によっては個室管理も必要になります。飛沫感染を起こす感染症は、咳やくしゃみなどで病原体を含む分泌物が飛び散るため、感染者の周囲の汚染に配慮する必要があります。この分泌物に触れる可能性がある場合は、次に説明する接触感染対策も必要です。

接触感染とは

❶ **接触感染**

主に"触れる、接触する"ことによって感染します。

接触感染には直接感染と間接感染があります。

● **直接感染**

病原体を持っている人と直接接触することで感染します。病原体を持っている人の体位変換、おむつ交換、入浴介助、吸引などの直接介助などをするときに、適切な手指衛生や防護具を着用していないと伝播する場合があります。

● **間接感染**

汚染したドアノブ・手すり・器具などの物を介して病原体が人から人へ伝播し感染します。

❷ **接触感染による主な感染症**

MRSAなどの多剤耐性菌感染症、大腸菌O157やクロストリジウム-ディフィシルなどによる腸管感染症、感染性胃腸炎（ノロウイルス胃腸炎、ロタウイルス胃腸炎）、疥癬（かいせん）、帯状疱疹（たいじょうほうしん）、伝染性膿痂疹（のうかしん）（とびひ）、水いぼなど多岐にわたり、接触感染で伝播していく感染症が最も多いといわれています。

❸ **接触感染の予防策**

接触感染の予防策は、ケア前後の手洗い・擦り込み式手指消毒

薬による手指消毒、使い捨ての手袋・エプロン（場合によってはガウン）・サージカルマスクを着用します。使用した器具は適切に洗浄、消毒、滅菌を行うことが重要で、状況によっては個室管理も必要です。

● 空気感染、飛沫感染、接触感染の感染経路

If もしも…

図を見ながらイメージしてみてください。

▶ **もし介護者（左）が結核にかかっていたら…**
　右側の高齢者は空気を介して結核菌を吸い込んでしまうため、感染してしまいます。

▶ **もし介護者（左）がインフルエンザにかかっていたら…**
　右側の高齢者はくしゃみを介してインフルエンザウイルスを吸い込んだり、インフルエンザウイルスに汚染された手に触れ、その手で自分の目など粘膜に触れることで感染してしまいます。

▶ **もし介護者（左）が下痢をしていて、原因がノロウイルスで、トイレの後、十分手を洗っていなかったら…**
　右側の高齢者は手を介して、自分の手にもノロウイルスを付けてしまいます。それを知らないで口に手を持っていったり、素手で何かを食べたりすると、ノロウイルスも一緒に食べることになり感染してしまいます。

2 標準予防策とは

「標準予防策」は、別名「スタンダード・プリコーション」といいます。これは、1996年にアメリカ疾病予防管理センター（CDC*）が、隔離予防策のガイドラインで公開した考え方で、アメリカや日本だけでなく、世界的な感染対策の基本となっています。

標準予防策は、手洗い、個人防護具の着脱から始まり、リネンや器具などの人に使用するものや、その周囲の環境に対する対策までを含みます。

> *アメリカ疾病予防管理センター（CDC：Centers for Disease Control and Prevention）
> 健康に関する情報の提供と健康の増進を主目的とするアメリカの保健福祉省所轄の感染症対策の総合研究所。感染症やその対策に関する科学的なガイドラインを多数発表している。

基本的な考え方

標準予防策は、「すべての人の血液、体液、汗を除く分泌物、排泄物、粘膜、損傷した皮膚を感染の可能性のあるものとして取り扱う感染予防策」とされており、誰かが何かの病気だからその対応をするのではなく、すべての人に対して行う感染「予防」策です。したがって、入所者や利用者、介護対象者だけに行うことではなく、介護する側も日常的に実施する必要があります。

たとえば、「粘膜」は私たちの目や鼻や口を意味します。汚染された手で目を擦ってしまうだけで、感染の可能性が生じます。また、介護する側の手がひどく荒れている場合、「損傷した皮膚」ということになりますので、感染の可能性のあるものとして、介護時は手袋をつけるなどして、感染しない、させないようにしなければいけません。

なぜ標準予防策が必要か

感染症だとわかっている人は、「氷山の一角」といわれます。通常、すべての人に日常的に検査は行いません。症状が出た段階で治療のために検査を行うので、介護の現場では、ほとんどの場

合、潜伏期間（病原体を持っていても発病しない期間）中か未検査であることが多いと思います。しかし、本当はなんらかの病原体を持っていて、あとから発病するかもしれません。また、まだまだ未知の病原体もある可能性があります。

このような背景から、標準予防策という考え方が出てきました。そして、前節で説明した空気感染、飛沫感染、接触感染は標準予防策だけでは防ぐことができないため、標準予防策にプラスして、必要な対策（感染経路別予防策）を実施します。

● 感染症だとわかるのは「氷山の一角」

● 標準予防策と感染経路別予防策

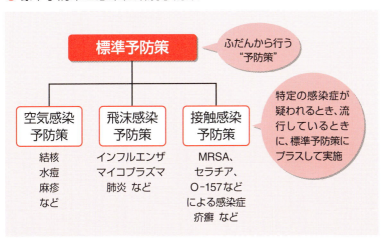

📖 ＊擦り込み式手指消毒薬
擦式アルコール消毒薬ともいう。速乾性でアルコール成分が70〜80％のものが効果が高い。製剤には、携帯できるものや皮膚保護成分を含んだものなど、多様な種類がある。

標準予防策をよく理解してニャ！

標準予防策の内容

標準予防策には、大きく8つの内容が含まれています。
❶ 適切な手指衛生
❷ 適切な個人防護具の着脱
❸ ケアに使用した器材の取り扱い
❹ 周囲の環境対策
❺ リネン、廃棄物の取り扱い
❻ 針、鋭利な器具の取り扱い
❼ 感染者（患者）配置
❽ 呼吸器衛生、咳エチケット

　以下の表で1つひとつ説明しているので、理解しましょう。これら、大きく分けて8つのことが「標準予防策」の内容になります。感染対策は、人や器具から他の人へ感染を拡大しないようにするためのものです。「手洗いだけ実施しておけばよい」とか「マスクだけ着けていればよい」というものではありません。内容を理解して対応しましょう。

● 標準予防策の具体的な8つの方法

❶ 適切な手指衛生（→2章）	● 手が目に見えて汚れているときやおむつ交換したあとは、流水と液体石けんで手を洗います。 ● 手が目に見えて汚れていない場合は、擦り込み式手指消毒薬＊（速乾性のアルコール製剤）で手指消毒を行います。 ● 流水と液体石けんによる手洗いと擦り込み式手指消毒薬による手指消毒、両方合わせて「手指衛生」といいます。 ● 感染対策において手指衛生は最も有効であり、医療・介護従事者の日常業務の一部です。言い換えれば仕事をするうえで、全職員がとりくむべき責務ということになります。 ● 介護者は、①手指を介した交差感染を防ぐ、②病原体等から自分を守る、という目的を持って、自宅で日常的に行っている手洗いと違い、効果的な手洗い方法で病原体を取り除く必要があります。
❷ 適切な個人防護用具の着脱（→2章）	● 人と人、人と器具との間に、血液・体液・排泄物などの接触が発生する可能性があるときには、個人防護具を装着します。これは、感染の可能性があるときから着用しなければなりません。 ● 個人防護具には、手袋、マスク、エプロン、ガウン、ゴーグル、フェイスシールドなどがあり、これらはすべて再使用できないディスポーザブル（使い捨て）です。個人防護具は、着用の仕方と脱ぎ方に、感染を広げないための方法があります。

❸ケアに使用した器材の取り扱い（→2章）	●吸引、歯磨き、清掃などで使用する器具・器材はたくさんあります。「何回も利用できる（再生使用可能な）器具は、適切な処理が完了するまで他の利用者に使用できない」ということが重要です。同じ人が同じコップや歯ブラシを使用するのであれば洗浄するだけでよいですが、他の人が使用する可能性がある場合は消毒する必要があります。 ●清掃道具は共有して使用しますので、清潔管理が重要となります。
❹周囲の環境対策（→3章）	●環境は清潔に保つ必要があります。 ●特に、人がよく触るところが汚れていると、次に触った人がその汚れを持ち運び、別の場所に汚染物質や病原体を付着させてしまう可能性があります。そのため、一般的な清掃とは別に、人がよく触るところを中心に掃除をすることが重要です。
❺リネン、廃棄物の取り扱い（→3章） 	●使用したシーツやタオルは汚染されていますので、適切に取り扱います。 ●未使用のものと使用済みのものを同じエリアで保管したり、同じワゴンで移動したりしてはいけません。 ●今から使用する清潔なものと、すでに使用した汚染したものは別という意識を持って取り扱うことが重要です。 ●廃棄物とはゴミのことです。ゴミも分別が重要です。 ●介護者が使用することはまずないと思いますが、針など鋭利なものは、専用容器に捨てるか、それぞれの施設で決まった処理の方法を守ってください。 ●鋭利なものを一般のゴミ箱に捨てると、ゴミを回収する人がけがをする場合があります。
❻針、鋭利な器具の取り扱い 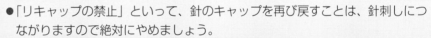	●鋭利なものを取り扱う場合、手袋を着用し、慎重に取り扱います。 ●使用後の鋭利器材は、使用者本人がただちに針廃棄容器へ廃棄します。 ●使用後の鋭利器材の手渡しはしない、使用後の鋭利器材を手で分解しない、などを徹底しなければいけません。 ●「リキャップの禁止」といって、針のキャップを再び戻すことは、針刺しにつながりますので絶対にやめましょう。 ●業務で血液、体液に触れる機会が多い人は、B型肝炎ワクチンの接種が推奨されています。
❼感染者（患者）配置	●感染症となってからの配置（いわゆる感染症による隔離）ではなく、認知症などで環境を汚染する場合や環境衛生を維持することができない場合、協力してもらえない場合は、他の利用者と部屋を分けます。 ●感染症ではなくても、他の人を感染から守る意味で個室へ移動してもらうことも、「標準予防策」に含まれています。
❽呼吸器衛生、咳エチケット（→5章）	●インフルエンザの流行期にはマスクを着用します。 ●咳やくしゃみをするときは、ティッシュで鼻と口をおおい、本人がゴミ箱に捨てます（咳エチケット）。その後は、手指衛生を実施します。これは、利用者、介護者側の双方から感染を防止するための対策です。

3 高齢者と介護者の健康維持

　介護施設や訪問する家は生活の場です。高齢者側も介護する側も注意するポイントは同じ、という視点で物事を考えると、感染予防につながる行動のヒントになります。また、生活の場といっても、高齢者は免疫力が低下している状況であるため、自分の家と同じ感覚で、施設や訪問する家庭での業務を行うと危険です。感染予防の視点から、日常忘れてしまいがちなポイントを説明します。

● 高齢者と介護者の健康

❶ 免疫力が低下している高齢者

　高齢者は健康であっても、成人と比べて免疫力が低下していると考えましょう。一方で、感染予防のための「手洗い」について、以前から習慣になっていないと何度伝えても忘れてしまい、できない場合があります。また、成人よりも発熱などの症状が出にくかったり、体調がすぐれなくても黙っていたりする方もいます。自分自身で体調管理をすることが難しい方も多いので、毎日こちらから話しかけ、元気に笑顔で返してくれるか、昨日と何か変化がないか、気をつけて観察してください。

❷ 感染症の徴候

　一般的に、発熱、下痢、嘔吐、咳、くしゃみなどの症状は、感染症の徴候です。これらの徴候が出れば、他の高齢者とは少し距離を置いたほうがよい場合があります。受診も含めて早期に対応することが重要です。

❸ 介護者の健康管理

　それでは、介護する側はどうでしょう。高齢者施設の介護スタ

ッフやホームヘルパーは、「多くの高齢者を介護しなければいけない」「人がいないから休めない」などの理由から、体調不良でも無理をして業務につく場合があります。しかし、自分や他のスタッフは問題がなくても、たとえ風邪でも高齢者にうつると肺炎になってしまう場合があります。

しばしば流行がみられる麻疹、風疹、水痘については、それまで罹患したことがなく、予防接種も受けていない介護スタッフは、入職時にワクチンを接種しましょう。B型肝炎ワクチンも接種しておくことが望ましく、インフルエンザワクチンも、毎年必ず接種しましょう*（120ページ参照）。

● **あなたが感染するのは、どこから？**

気をつけているはずなのに、私たちはどこから感染するのでしょうか？

❶ **粘膜がある「顔」、とくに「目・鼻・口」に注意**

基本的に私たちは皮膚におおわれており、その皮膚に傷や肌荒れなどがなければ、直接的な感染の危険性は少ないはずです。一方、粘膜は直接感染の危険性がある場所で、粘膜が外にあるところは「顔」、それも「目・鼻・口」です。業務中や休憩中、目や鼻を触ったりする癖がある方はいませんか？　また、前髪が長く、何度も前髪をかき上げている人はいませんか？

❷ **自分の手で病原体を獲得している？**

自分の手に病原体がついているかもしれないと、常に考えて業務している人は少ないと思います。でも、その油断から自分で病原体を「獲得」している可能性があります。ノロウイルスは、食品からの感染より接触感染が多いといわれています。なかでも「糞口感染」の頻度が高く、他のノロウイルスになった人の便を自身の手につけ、知らない間に食べてしまった可能性があります。そんな事態にならないよう、注意をしてください。

＊インフルエンザワクチンを接種してもかかってしまうことが！

高齢者と介護者の双方がインフルエンザワクチンを接種していても、インフルエンザにかかってしまうことがあります。ワクチン接種をしていない場合と比べ、症状が軽いこともありますが、自分の症状は軽くても、高齢者にうつしてしまうと重症になる場合があります。体調管理には十分に気をつけ、体調が少しでも悪いと思ったら、まず上司に相談してください。

ホッとしたときが、危ないニャ！

介護職の休憩室や控え室にも危険が

　業務中にホッと一息入れる休憩室や控え室は、スタッフにとっては大切なエリアです。そのため、ついうっかり、家と同じように感じてしまうスタッフもいると思います。

❶ 冷蔵庫の管理

　たとえば、冷蔵庫の管理はルールを決めていますか？　入所者用や利用者のものは決めてあっても、スタッフ側の決まりがない場合があります。古くなった食品が冷蔵庫や冷凍庫に入れっぱなしになっていたり、清掃のルールが決まっていないなどの例もあります。食中毒になって困るのは、介護職も同じです。==施設内のすべての冷蔵庫を清潔に管理するルールがあるか、しっかり確認しましょう。==

　また、ペットボトルに口をつけて飲むのは、蓋があるのでまだよいと思いますが、ストローをさした紙パックの飲みかけはどうでしょう？　共有の冷蔵庫では、誰が手指衛生をせずに触っているかわかりません。奥のものを取ろうとして、他の人がストローに触ったのを知らず、そのまま飲んでいる可能性はありませんか？　もし保存するのであれば、共有の冷蔵庫であるという意識を持ったほうがよいでしょう。

❷ 休憩時のお菓子にも注意

　「お疲れさま〜」といって、帰る前にちょっと休憩、夜勤の間にちょっと一休み。このとき、どんなものを食べていますか？　たとえば、ポテトチップスやせんべいなどを、素手で食べていませんか？　その手は、十分に手洗いがなされていますか？　袋入りのお菓子類は、ふつうは他のスタッフと分けて食べますね。手についた塩など舐めたくなりませんか？　自分は手指衛生をしていても、他のスタッフはどうでしょうか？　ここもちょっと気をつけたいポイントです。職場の休憩室に入る前には手指衛生を徹底し、お菓子はなるべく個包装されたものがよいと思います。

3 高齢者と介護者の健康維持

こんなこと、していませんか!?

- 業務中、目がかゆいので触ってしまった。

- ケアしようとして前髪が垂れてきたので、前髪を耳にかけた。

その他…
- 疲れていたため、ついうっかり手洗いしないで控室に入ってしまった。
- 休憩の時にみんなで食べられるようにと、手で食べるようなお菓子を持ってきてしまった。
- 共有の冷蔵庫に、ストローなど直接口をつけるようなものを保存しておいた。
- 職員用のトイレに液体石けん、ペーパータオルが設置されていない。

こうすれば、大丈夫！

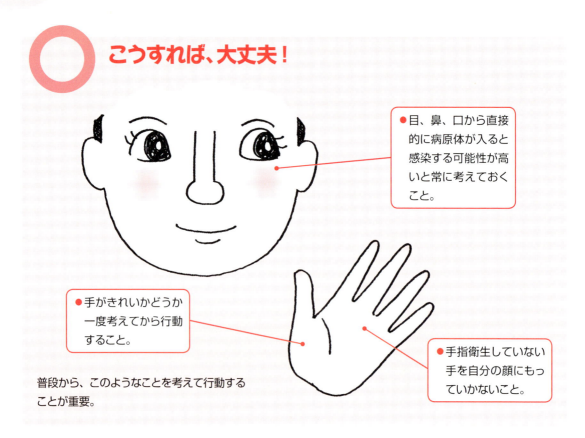

- 目、鼻、口から直接的に病原体が入ると感染する可能性が高いと常に考えておくこと。
- 手がきれいかどうか一度考えてから行動すること。
- 手指衛生していない手を自分の顔にもっていかないこと。

普段から、このようなことを考えて行動することが重要。

コラム① 感染経路別予防策

感染経路を遮断するため、標準予防策（18〜19ページ）にプラスして行う予防策です。

- 空気感染予防策：結核、麻疹、水痘など
  - 隔離、もしくは個室管理
  - 部屋のドアは閉めておく
  - 介護者が入室する際はN95マスクを着用
  - 利用者はサージカルマスクを着用
- 飛沫感染予防策：インフルエンザ、マイコプラズマ肺炎、風疹など
  - 可能な限り個室管理。無理な場合は同じ感染症の人を同室にし、ベッドは1メートル以上離して、カーテンやスクリーンで仕切る
  - 利用者、介護者ともサージカルマスクを着用する
- 接触感染予防策：MRSAやO157感染症、ノロウイルス、疥癬など
  - 可能な限り個室管理
  - 介護者は入室時に必ず手袋を着用（衣服が接触しそうな場合はガウンまたはエプロンも）。入室時に着用し、退室時は室内ではずして破棄し、手指衛生
  - 利用者に使用する器具や器材は、使い捨てまたは専用とする
  - 頻繁に手が触れる場所は1日1回以上清拭清掃

2章

感染対策その1：うつさない

2章 感染対策その1：うつさない

1 手洗い

感染対策は、①感染しないように普段から予防すること、②感染しても拡大させないこと、③自身が感染源にならないことが重要です。その基本となる考え方が、1章の 標準予防策（スタンダード・プリコーション）* でしたね。

手洗い（手指衛生）は感染対策の基本です。正しい方法を身に付け、きちんと手洗いしましょう。

📖 ＊標準予防策（standard precautions：スタンダード・プリコーション）
感染症の有無に関わらず、『すべての人の血液、体液、分泌物、嘔吐物、排泄物、損傷した皮膚、粘膜などは、感染する危険性があるものとして取り扱わなければならない』という考え方（**16ページ**参照）。

● 手洗い（手指衛生）の必要性

ウイルスや細菌などの微生物は、私たちの手指を介して体内に侵入するといわれています。手に付着した微生物は多くの場合数分間、生き続けます。自分自身を微生物から守り、手指を介しての微生物の伝播・拡散を防ぐために「手指衛生」を実施することが重要です。

たとえば、1人のおむつ処理後に手指消毒をしないで、他の利用者のところに行ったりしてはいませんか？ おむつを交換した手指に微生物がついていて、他の利用者にうつしてしまったら…。ぞっとするような光景ですね。

● 手指衛生の種類

手指衛生の種類は大きく分けて、2通りです。液体石けんと流水による手洗いと、速乾性の擦り込み式手指消毒薬（アルコール製剤）による手指消毒があります。

❶ 手洗い

目に見える汚れがあるときは、液体石けんと流水で手指を洗います。嘔吐物・排泄物等の汚染が考えられる場合も、流水による手洗いを行います。

❷ **手指消毒**

目に見える汚れがない場合、擦り込み式手指消毒薬を使用します。

手指衛生の前に―事前準備

①手を洗うとき、時計や指輪をしている場合は、はずします。
②爪は短く切っておきます。

こんなこと、していませんか⁉

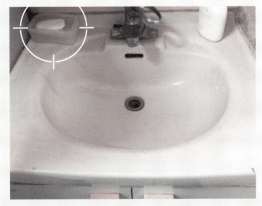

- 液体石けんでなく固形石けんが設置されている。
- ペーパータオルが設置されていない。

- ペーパータオルを清潔に管理できていない。

こうすれば、大丈夫！

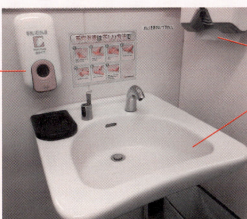

- 液体石けんが設置されている。

- 手洗い環境が整っている。
- ペーパータオルの管理ができている。
- シンクが清潔である。

シンクの清掃は1日1回以上。
シンクは毎日清掃し、乾燥させていますか？

2章 感染対策その1：うつさない

＊マニキュアや付け爪がNGな理由

マニキュアがはがれてくると、爪上の微生物が増加する可能性が指摘されています。これはマニキュアがはがれてくると爪の上に段差を生じ、手指衛生において洗い残しや擦り込み残しが生じる可能性が高くなるためと考えられます。付け爪は、手指の汚染を増大させることが明らかとなっています。

③マニキュアや付け爪はしません＊。
④固形石けんは使わず、液体石けんを使います。
⑤シンクは1日1回以上清掃し、よく乾燥させます。
⑥共用のタオルは使用しないようにします。ペーパータオルは、できるだけホルダーに入れて設置しましょう。
⑦手荒れした手には、微生物が多く付着しますので、日ごろから手のスキンケアを行います。共有のハンドクリームは使用せず、個人用にします。
⑧水道栓は、自動水栓か手首、肘などで簡単に操作できるものが望ましいですが、やむをえず、水道栓を手で操作する場合は、水道栓は洗った手で止めるのではなく、手を拭いたペーパータオルを用いて止めます。
⑨液体石けんの継ぎ足し使用はやめましょう。液体石けんの容器を再利用する場合は、残りの石けん液を廃棄し、容器を洗浄し、乾燥させてから新しい石けん液を詰め替えます。

● 手指衛生の正しい手順

❶ 手洗い：液体石けんと流水による手洗い
一連の手順（次ページ）を正しく行います。

❷ 手指消毒：擦り込み式手指消毒薬による手指消毒
一連の手順（30ページ）を正しく行います。

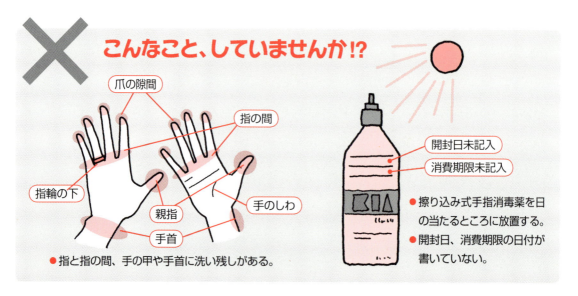

こんなこと、していませんか!?
- 爪の隙間
- 指の間
- 指輪の下
- 親指
- 手のしわ
- 手首
- 指と指の間、手の甲や手首に洗い残しがある。
- 開封日未記入
- 消費期限未記入
- 擦り込み式手指消毒薬を日の当たるところに放置する。
- 開封日、消費期限の日付が書いていない。

1 手洗い

こうすれば、大丈夫！
液体石けんと流水による手洗い

① 水で手を濡らします。

② 液体石けん液を適量（しっかりとワンプッシュ）手に取ります。

③ 手のひらを擦り合わせて泡立て、続いて両指の間をよく洗います。

④ 爪・指先を片方の手のひらの上で擦るように洗います（両手）。

⑤ 手の甲をもう片方の手のひらでもみ洗いします（両手）。

⑥ 親指をもう片方の手でねじるように洗います（両手）。

⑦ 手首をもう片方の手でねじるように洗います（両手）。

⑧ 石けん成分が残らないようによく洗い流します。

洗い残しが多い指先や指の間は、注意して洗うニャ！

⑨ ペーパータオルを取ります。

⑩ 水分を十分拭き取ります。

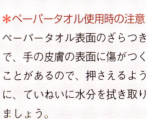

＊ペーパータオル使用時の注意
ペーパータオル表面のざらつきで、手の皮膚の表面に傷がつくことがあるので、押さえるように、ていねいに水分を拭き取りましょう。

〇 こうすれば、大丈夫！
速乾性の擦り込み式手指消毒薬による手指消毒

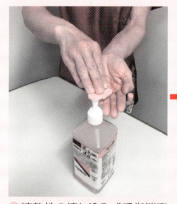
① 速乾性の擦り込み式手指消毒薬を適量（上から下までワンプッシュ）手のひらで受けます。

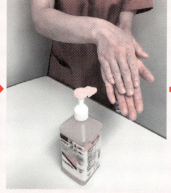
② 手のひらと手のひらを擦り合わせます。

③ 指先、爪をもう片方の手のひらの上で擦り合わせます。

④ 手の甲をもう片方の手のひらで擦り合わせます。

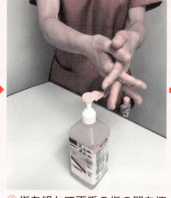
⑤ 指を組んで両手の指の間を擦り合わせます。

⑥ 親指をもう片方の手で包み、ねじるように擦り込みます。

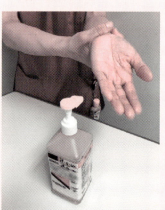
⑦ 両手首に擦り込み、乾かします。

擦り込み式手指消毒薬は乾燥するまで擦り込んで！乾燥してはじめて消毒効果があるニャ。

擦り込み式手指消毒薬の管理

- 使用するときは、必ず開封日と期限を書きましょう。
- アルコール濃度が70～80％の状態が最も殺菌効果が高いといわれています。
- 利用者が誤用、誤飲しないような場所を選んで設置しましょう。

2 手袋、エプロン、マスク、ゴーグルの取り扱い方

危険な微生物に曝露する（さらされる）ことにより、健康なケア従事者が重大な疾患に感染してしまうという痛ましい報告が後を絶ちません。血液や体液、便や尿など、感染の可能性がある湿性生体物質からケア従事者を守るために、スタンダード・プリコーション（標準予防策）の実施率を高めることは大変重要です。そのためには、<u>湿性生体物質に触れる可能性がある場合の個人防護具（PPE）*である、手袋、エプロン、マスク、ゴーグルの使用を徹底</u>しなければなりません。

●個人防護具─手袋、エプロン、マスク、ゴーグル

❶手袋（使い捨て用）

血液、体液、分泌物、嘔吐物、排泄物（便・尿）などに触れるときや、傷や損傷した皮膚に触れるときに着用します。手袋を脱いだときには必ず手指消毒を行います。手袋の着用は手洗いの代用にはなりません。

❷エプロン*

血液、体液、分泌物、嘔吐物、排泄物（便・尿）などが、飛散する可能性がある場合に着用します。液体が浸透しないプラスチック製やビニール製のエプロンを着用すべきです。

❸マスク（サージカルマスク）

血液、体液、分泌物、嘔吐物、排泄物（便・尿）などの飛沫が、鼻や口へ飛ぶ可能性がある場合に汚染を防ぐために使用します。

❹ゴーグル（アイシールド）

血液、体液、分泌物、嘔吐物、排泄物（便・尿）などが目の粘

📖 *個人防護具

personal protective equipment：PPE。手袋、エプロン、サージカルマスク、ゴーグルが代表的。ほかにフェイスシールド、キャップ、足カバー、結核対策などの折に使用されるN95マスクなどもある。

*ガウンの使用

嘔吐物や下痢便の処理をするときは、エプロンでは腕が防護できないため、使い捨てのガウンを着用します。

膜に飛散する可能性がある場合に使用します。顔全体をカバーするフェイスシールドつきマスクなどもあります。

個人防護具の着け方とはずし方

❶ 個人防護具着用の順番

①手指衛生→②エプロン→③マスク→④ゴーグル→⑤手袋、の順で着用します。

❷ 個人防護具をはずす順番

①手袋→②手指衛生→③ゴーグル→④エプロン→⑤マスク→⑥手指衛生、の順番ではずします。

こうすれば、大丈夫！
個人防護具の準備

マスク（サージカルマスク）
必ず使い捨てに！
紙製や布製のマスクは、微生物を防ぎきれないので、個人防護具としては不適切。

ゴーグル
嘔吐物や排泄物の処理、ベッド上での口腔ケアのときなど、飛沫が飛び散る可能性がある場合は、ゴーグルを着用。

エプロン
感染を防ぐために、液体が浸透しない素材（ビニール製、プラスチック製）のものを使い捨てに！

手袋
ビニール製の使い捨てのものを使用。1つのケアの途中でも、必要に応じて廃棄し、手指衛生をして新しいものを着用。

2 手袋、エプロン、マスク、ゴーグルの取り扱い方

こんなこと、していませんか⁉
（個人防護具の着脱）

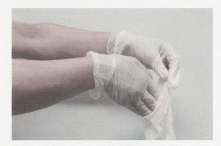

手袋を2枚重ねて着け、1枚をはずして次の作業をする。1枚目の手袋をはずすときに下の手袋が汚染したり、上の手袋に穴が開いて、下の手袋が汚染する危険もある。

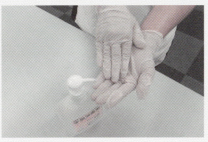

手袋を着けたまま、速乾性の擦り込み式手指消毒薬を使用すると、手袋が破ける原因になる。

いちばん汚染されている手袋を最初にはずさずに、他の個人防護具からはずす。

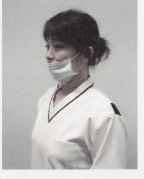

マスクから鼻が出ている。

汚染した可能性があるマスクを腕につける。

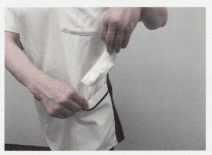

汚染した可能性があるマスクをポケットに入れる。

個人防護具は使い捨て！ はずしたマスクや脱いだエプロンを、また使ったりしないで！

33

こうすれば、大丈夫！

エプロンの着け方

手指衛生

① 首の部分を持ちます。

② 静かにかぶります。

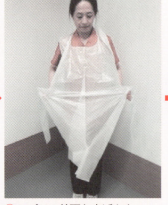

③ エプロン前面を広げます。

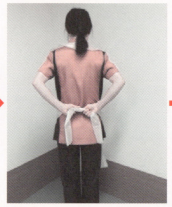

④ 腰ひもを広げて後ろで結びます。

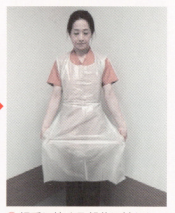

⑤ 相手に接する部分に触れないで裾を広げます。

マスクの着け方

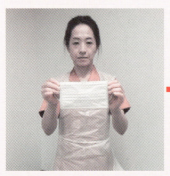

① 鼻あて部が上になるようにします。

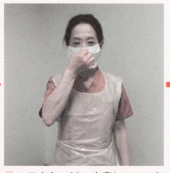

② マスクをつけ、小鼻にフィットさせます。

③ マスクのプリーツを伸ばして、口と鼻全体をしっかりと覆います。

○ こうすれば、大丈夫！

ゴーグルの着け方

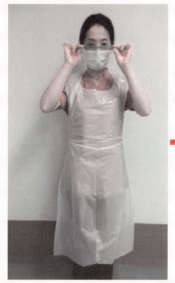

① ゴーグルを眼前に持ってきます。

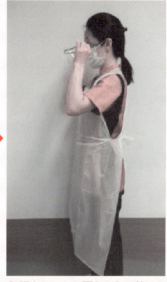

② 眼をしっかり覆うように着けます。

手袋の着け方

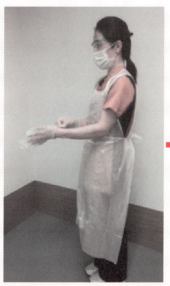

① 片方の手でもう一方の手袋を持ち、手袋の表面が汚染しないよう、すばやく手を入れます。

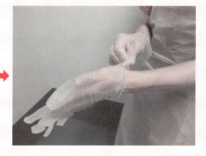

② 手袋をしている手でもう片方の手袋の手首側に近いほうを持ち、すばやく手を入れます。

⭕ こうすれば、大丈夫！

手袋のはずし方

 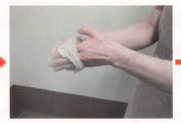 

① 片側の手袋の外側をつまみます。
② 片側の手袋を中表にしてはずします。
③ まだ手袋を着用している手ではずした手袋を持ちます。

手指衛生

いちばん汚染されている手袋をはずしたら、エプロンをはずす前に手指衛生。

エプロンのはずし方

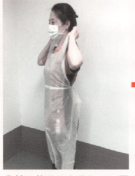 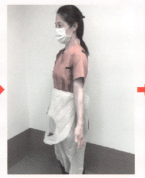 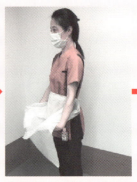

① 首の後ろにあるミシン目を引きます。
② エプロン上部をはずします。
③ 腰ひもの高さまで外側を中にして折り込みます。

手指衛生

マスクやゴーグルなど、顔周辺に触れる前に手指衛生。

ゴーグルのはずし方

 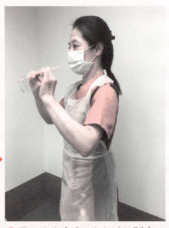

① 外側表面は汚染しているため、ゴムひもやフレーム部分をつまんではずします。
② そのまま廃棄、もしくは所定の場所に置きます。

いちばん汚染されているのは手袋！ はずすときは手袋から！

④ 手袋を脱いだ手の指先を、もう一方の手首と手袋の間に滑り込ませます。

⑤ そのまま引き上げるように、中表にしてはずします。

⑥ 2枚の手袋がひとかたまりとなった状態でそのまま捨てます。

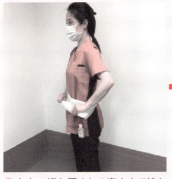

④ 左右の裾を腰ひもの高さまで持ち上げ、外側を中にして折り込みます。

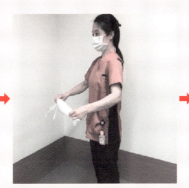

⑤ 後ろの腰ひもを切り、小さくまとめます。

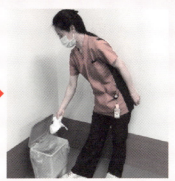

⑥ 廃棄します。

マスクのはずし方

① ゴムやひもをつまんではずします。

② マスクの表面には触れずに廃棄します。

最後にもう一度 → 手指衛生

全部はずし終えたら、液体石けんと流水で手洗いをします。

> 汚染を封じ込め、広げないことが大切ニャ！

3 ケアに使用した器具の洗浄、消毒

利用者が使用する物品は、「清潔できれいなもの」でなければいけません。ここでいう「清潔できれいなもの」とは、「正しく処理をされたもの」をいいます。

洗浄とは

洗浄とは、基本的には「きれいに洗うこと」です。水や洗浄剤などを用いて、洗浄対象物からあらゆる異物・有機物を取り除き、目に見えて汚れがないことを意味します。

対象となる物品と洗浄方法

❶**個人持ちの器具**：個人持ちのコップ、スプーンや箸、歯ブラシ、義歯など

台所用の洗剤、スポンジなどを用いて洗浄します。手袋やエプロンの装着が必要です。義歯や歯ブラシの洗浄のとき、洗浄液が飛びはねる可能性がある場合は、ゴーグルやマスクも装着する必要があります。洗浄した後は食器乾燥機などで乾燥させ、可能な限り閉鎖された場所（引き出しやキャビネットなど）で保管しましょう。

❷**共有の器具**：ガーグルベースン、吸引器、便器、尿器、陰部洗浄ボトルなど

器具専用洗剤、スポンジやブラシなどを用いて洗浄します。汚染物を取り扱う場合が多いので、必ず、手袋、エプロン、マスク、ゴーグルの装着が必要です。洗浄した後は、乾燥機などで十分に乾燥させ、清潔な場所で保管しましょう。

消毒とは

消毒とは、病原微生物を殺滅させること、または感染源となる

3 ケアに使用した器具の洗浄、消毒

こんなこと、していませんか!?

経管栄養セットとほかのバッグを一個所にかける

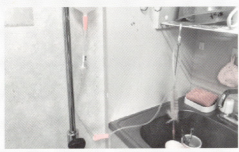
消毒後、自然乾燥中の経管栄養セットの先端が汚染したシンクに触れている。

手袋をせず、目分量で消毒液をつくっている。

容器が消毒液に浮かんでいる。

○ こうすれば、大丈夫!

洗浄のとき、手袋、エプロン、マスク、ゴーグルを着用する。

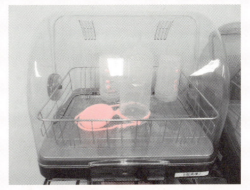
洗浄した容器を食器乾燥機で乾燥する方法もある。

洗浄用のスポンジはしっかり乾燥させる*。交換日を書いておくのもよい。

＊70～80℃・10分間の熱水消毒、または洗浄後0.1％次亜塩素酸ナトリウムに30分以上浸漬して消毒し、十分乾燥させる。ただし、一度汚染されると消毒・乾燥させても清潔にはならないので、長期間の使用は避け、できるだけ早く廃棄する。

> 消毒薬を扱うときは、手袋、マスク、エプロン、ゴーグルをちゃんと着けるニャ！

危険性をなくすことです。必ずしも微生物をすべて殺菌し、除去するものではありません。

器具に有機物などの汚れが残っていると、消毒薬の殺菌効果を減じてしまうので、消毒する前に十分洗浄することが重要です。

対象となる物品

❶ 個人持ちの器具：コップ、歯ブラシなど
❷ 共有の器具：ガーグルベースン、吸引器、便器、尿器、陰部洗浄ボトルなど

消毒方法

消毒薬を使用して水で希釈し消毒する方法と熱水を使用する方法があり、熱水消毒には特殊な器械が必要です。基本的には共有器具を消毒します。

個人持ちのコップや歯ブラシなどを複数の器具を一斉回収して洗浄した場合は、シンクで他の利用者のもの同士が接触するため、消毒が必要となります。消毒時は、器具が浮かび上がってしまわないように、しっかりと消毒液に沈めます。上から落とし蓋を乗せて押さえるとよいでしょう。

*フラッシャーディスインフェクター（ベットパンウォッシャー）
医療用器具やリネン類、食器などを蒸気で消毒する機器。

● 物品の消毒方法

消毒対象	消毒方法
吸引びん ガーグルベースン 薬杯・薬呑み 経腸栄養剤の投与セット	• 0.05%〜0.1%（500 ppm〜1000 ppm）次亜塩素酸ナトリウム 30 分間浸漬
食器	• 0.02%（200 ppm）次亜塩素酸ナトリウム 30 分間浸漬 • 食器洗浄機（60〜70℃以上の熱水）
尿器 便器 陰部洗浄ボトル ポータブルトイレ	• 0.1%（1000 ppm）次亜塩素酸ナトリウム 30 分間浸漬 • フラッシャーディスインフェクター（ベットパンウォッシャー）*（90℃・1 分間の蒸気）

消毒のポイント

❶ 適切な温度

それぞれの消毒薬には効果的な温度がありますので、決められた温度を守ることが大切です。たとえば、次亜塩素酸ナトリウム溶液は、40℃以上になると急速に分解が進むので、次亜塩素酸ナトリウムの希釈に、お湯を使用してはいけません。

❷ 適切な濃度

消毒薬は、最初から、決められた通りの濃度で作成します。有機物混入で濃度が低下するので、有機物混入を防ぐため十分な洗浄が重要です。

❸ 適切な接触時間

決められた接触時間（浸漬時間）を守りましょう。接触時間が長すぎると、消毒される器材を傷める可能性がありますが、短ければ消毒ができません。また、消毒中の容器の中に、これから消毒する他の物品を次々入れてはいけません。

● 次亜塩素酸ナトリウムの希釈方法：市販の漂白剤（塩素濃度約5%）の場合

濃度 希釈倍率	希釈方法
1000 ppm (0.1%)	①500 mL のペットボトル 1 本の水に 10 mL 　（ペットボトルのキャップ 2 杯）
50 倍	②5 L の水に 100 mL
200 ppm (0.02%)	①500 mL のペットボトル 1 本の水に 2 mL 　（ペットボトルのキャップ半杯）
250 倍	②5 L の水に 20 mL

＊500 mL ペットボトルのキャップ 1 杯は約 5 mL、漂白剤のキャップ 1 杯は約 20〜25 mL。
＊希釈するときは手袋を着用する。
＊塩素ガスが発生するので、換気を忘れない。

厚生労働省「社会福祉施設、介護老人保健におけるノロウイルスによる感染性胃腸炎の発生・まん延防止策の一層徹底について」（2006 年）より抜粋

コラム② 5S活動で清掃しやすい環境に

環境整備で重要なのは「5S」です。
- **整理**（**S**eiri）いらないものは捨てましょう
- **整頓**（**S**eiton）必要なものがすぐ取り出せるように
- **清掃**（**S**eisou）身の回りを掃除しましょう
- **清潔**（**S**eiketsu）きれいな状態に保ちましょう
- **しつけ**（**S**itsuke）ルールを守りましょう

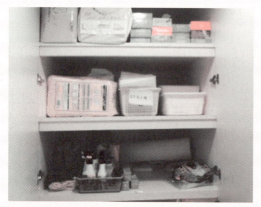

備品は、使いやすいように用途別に棚に収容し、不必要に多くストックしないよう、定数を決めておくとよい。

蓋がないと、中身がまる見えで不潔！

中途半端にゴミ袋を使うと、無駄で不衛生！

ペダルで開けられるゴミ箱は清潔で手も汚れず、臭いも防げる。

ゴミ箱は蓋付きのものを使用する。

3章

感染対策その2：うつらない

1 食事介助

　食べることは日常生活のなかで大きな楽しみの1つです。しかし、年を重ねるにつれ、飲み込む力が弱くなり、むせることが多くなるので、介護者は、誤嚥などに気をつけなければなりません。同時に、感染にも注意が必要です。介護者が汚染した手で食事介助を行うことにより、食中毒を起こしてしまう可能性があります。きれいな手で食事介助を行い、楽しい食事の時間が持てるようにしましょう。

食事介助前と介助後の手指衛生

　介護者が汚染した手で食事介助を行うと、食べ物を介して利用者に感染させてしまい、食中毒を起こしてしまうことがあります。特に、排泄介助後に食事介助を行う場合は、十分な手洗いが必要です。

　介護者が菌の橋渡し役とならないように、食事介助前は必ず手を洗いましょう。また、介助後は手に食物残渣や唾液などが付着していることがあるため、手を洗ってから次の作業にうつりましょう。

〈うつらない〉ための感染対策① 食事介助前

- 手指衛生───食事介助は、きれいな手で！
- 個人防護具──マスクを準備！

食事介助中の個人防護具

　食事介助中は、利用者が咳をして唾液や痰が飛び散ることがあるため、介護者はマスクを装着します。介護者の衣類が汚染する危険がある場合は、エプロンを装着します。食事介助中は、マス

1 食事介助

✕ こんなこと、していませんか!?

マスク装着なしで食事介助をする。

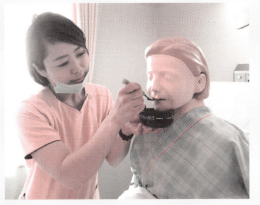

アゴにマスクを装着して食事介助をする。

◯ こうすれば、大丈夫!

食事介助前に手を洗う。

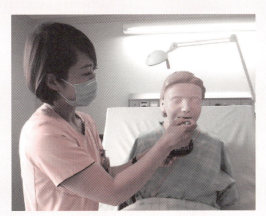

通常はマスクを装着して食事介助をする。

クやエプロンの表面には触れないようにしましょう。触れてしまった場合は、手洗い、もしくは手指消毒をしてから食事介助を行いましょう。

〈うつらない〉ための感染対策②　食事介助中

- 個人防護具──マスクを装着!
  （介護者の衣類が汚染されそうな場合は、エプロンも装着）

45

＊水まわりは微生物の温床！
シンク内や排水口には、微生物が付着しています。そこに食事用エプロンや利用者が直接口にする食器類を置いたままにしておくと、微生物で汚染されるかもしれません。シンク内に置いたままにしないこと、使用後のシンク内は、水気を拭きとり乾燥させておくことが重要です。

食事用エプロンや食器類の取り扱い

　利用者の食事用のエプロンや食器類は、洗浄されたきれいなものを使用します。使用後は、洗浄してしっかり乾燥させます。乾燥機で乾燥させる際、つめ込みすぎるとしっかり乾燥させることができません。重ならないように入れて乾燥させましょう。乾燥後は、汚染しないように清潔な場所に保管します。

〈うつらない〉ための感染対策③　食事介助後

- **手指衛生**——個人防護具をはずして破棄したら、すぐに手指衛生！

✕ こんなこと、していませんか!?

コップや吸い飲みなどを乾燥機に重ねてつめ込む。

利用者の食事用エプロンを使用後、シンクにじかに置く。

○ こうすれば、大丈夫！

- 利用者の食事用のエプロンや食器類は、清潔なものを使用します。
- 使用後は、洗浄してしっかり乾燥させます。
- 乾燥機で乾燥させる際は、重ならないように入れて乾燥させましょう。
- 乾燥後は、清潔な場所に保管します。

洗浄した食器類は、乾燥機に重ならないように並べる。

2 口腔ケア

　口腔ケアは、歯の表面に付着している歯垢を取り除くことで気分爽快となり、食事がおいしくなるといわれています。また、飲み込みやせき込む機能を改善させる効果があるともいわれ、とても大事であることがわかります。

　毎日行うことが必要とされる口腔ケアですが、ケアの最中は、口腔内の細菌が唾液や痰と一緒に飛び散る可能性があります。そのため、介助中は感染しないための対策が必要となります。

● 口腔ケア前の準備

　介護者は口腔ケアの前に手指衛生を行い、手袋、エプロン、マスク、ゴーグルを装着します。

　口腔ケアの最中に、利用者がうがい水や唾液を誤嚥しないように、姿勢を整えます。利用者が座って行う場合は、しっかり深く腰かけてもらい、アゴを引いた姿勢で介助します。ベッドに臥床して行う場合は、ギャッジアップして上半身を起こすか、側臥位もしくは顔を横に向けてアゴを引いた姿勢で介助します。利用者が安楽で疲労の少ない体位を工夫し、声をかけて理解を得ながら行いましょう。

〈うつらない〉ための感染対策① 口腔ケア介助前

- 手指衛生────口腔ケアの前は、手指衛生！
- 個人防護具────手袋、エプロン、マスク、ゴーグルを準備！

しっかりアゴを引いた姿勢が大切ニャ！

口腔ケア中の個人防護具

口腔ケアの最中に、利用者が咳をして唾液や痰が飛び散ることがあります。介護者は、個人防護具（手袋、エプロン、マスク、場合によりゴーグル）を装着して口腔ケアを行います。利用者ごとに個人防護具は交換します。

〈うつらない〉ための感染対策② 口腔ケア介助中

- **個人防護具**──手袋、エプロン、マスクを装着
- **個人防護具の交換と手指衛生**──利用者ごとに手袋、エプロンを交換し、手指衛生！

口腔ケアに使用した物品の管理

口腔ケアに使用した物品は、洗浄後にしっかり乾燥させます。消毒薬に浸ける場合は、重ならないようにして、しっかり消毒液

こんなこと、していませんか!?

個人防護具なしで口腔ケアを行う。

アゴにマスクを装着して口腔ケアを行う。

こうすれば、大丈夫！

個人防護具を装着して口腔ケアを行う。

洗面所で行う場合も、個人防護具を装着する。

に浸かるようにします。乾燥させる際も同様に重ならないように乾燥機に入れます。歯ブラシは、ブラシ部分が乾燥しにくいため、立てて乾燥させます。歯ブラシは、周囲の環境や他の利用者の歯ブラシと接触しないように工夫して乾燥や保管をします。

● **利用者の状態に合わせたケア物品の選択**

　口腔粘膜を傷つけないように、柔らかい歯ブラシ、スポンジブラシ、綿棒など、利用者に合ったものを選びます。ブラシでの洗浄が困難な場合は、ガーゼを使用するなどの工夫が必要です。

＊義歯の管理
義歯は、人工の歯なので虫歯にはなりませんが、きれいに見えても微生物が付着していることがあります。義歯は、口腔ケアの際に毎回はずして洗浄します。夜間は洗った後、水に入れて保管します。3日に1回は、義歯専用の洗浄剤につけて手入れします。

〈うつらない〉ための感染対策③　**口腔ケア介助後**

- 手指衛生　　　　　　個人防護具をはずして破棄したら、すぐに手指衛生！
- 使用後の物品の洗浄　洗浄中は、手袋、エプロン、マスク、ゴーグルを装着！

✕ こんなこと、していませんか!?

使用後の物品を重ねて消毒する。

歯ブラシを密集させて保管する。

コップの口を重ねて保管する。

○ こうすれば、大丈夫！

重ならないように消毒液に浸ける。

歯ブラシは個別に置き、ブラシ部分を上にして乾燥させる。

- 使用後の物品は、消毒液に十分に浸かるように、重ねずに並べます。
- 歯ブラシ、コップなどの衛生が必要とされる物品は、利用者ごとに管理します。
- 乾燥機内は重ならないように入れます。

3 排泄介助

排泄は、健康のバローメータであり、とてもプライベートでデリケートなことでもあります。介護者は、利用者の心理を理解し、気持ちよく排泄できるサポートが求められます。また、排泄介助では、便や尿に触れる可能性があるため感染対策が必要です。

便には多くの菌が存在しているので、介護者が菌の橋渡し役とならないように手指衛生と個人防護具の装着が重要になります。

● 排泄介助前の準備

排泄介助では、便や尿に触れる可能性があるため、個人防護具（手袋、エプロン、マスク）の装着が必要です（34～35ページ参照）。介助の直前（便座への移動前、おむつ交換前）に装着します。介助中、手袋は便や尿で汚染します。汚染した手袋でベッド柵や床頭台に触れることがないように、介助前に環境を整え、必要物品は手に取りやすい場所に準備しておくようにしましょう。

〈うつらない〉ための感染対策① 排泄介助前

- **手指衛生**────排泄介助の前に、手指衛生！
- **個人防護具**──手袋、エプロン、マスクを装着して排泄介助！

体液、血液、排泄物はすべて感染性があるとみなす（標準予防策）ことを思い出してニャ！

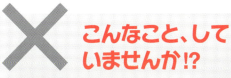

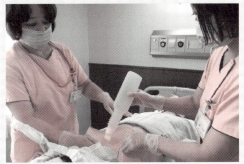

手袋、マスクだけでおむつ交換をする。

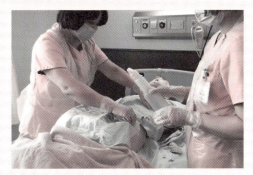

手袋、エプロン、マスクを装着し、清潔担当と不潔担当に分かれて処置を行う。

排泄介助中の手指衛生と個人防護具

陰部洗浄用の容器は、個別（1人の利用者に対し、1本の容器）にします。容器は、洗浄水が飛び跳ねて汚染されます。その汚染した容器を、他の利用者に使用すると微生物を拡げてしまうことになります。感染性腸炎や下痢症状がある場合には、すぐに感染してしまいます。

また、便や尿を取り除き、陰部洗浄を行った手袋は、速やかにはずして手指衛生を行います。汚染した手袋で、利用者が装着するおむつや衣服、ベッド周囲を汚染させないようにしましょう。使用後のおむつ、手袋、エプロンは、ビニール袋に密封して破棄します。

〈うつらない〉ための感染対策② 排泄介助中

- 周囲の汚染防止──介助中は、汚染した手袋で自分や周囲の環境に触れない！
- 個人防護具────その場を離れるときは、手袋、エプロンをはずす！

こんなこと、していませんか⁉

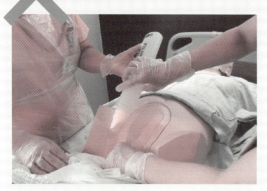

陰部洗浄ボトルを2人で持つ。

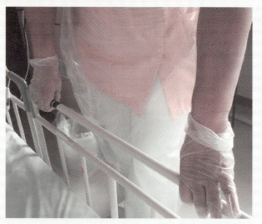

おむつ交換の最中に、汚染した手袋でベッド周囲に触れる。

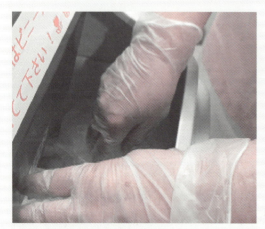

おむつ破棄容器に手を突っ込む。

- おむつ交換時は手袋、マスクだけでなく、エプロンも装着しましょう。
- 2人で行う場合は、清潔担当と不潔担当に分かれて処置を行いましょう。
- おむつ交換の最中に、汚染した手袋でベッド周囲に触れてはいけません。
- 使用後の個人防護具を装着したまま廊下を歩く、おむつ破棄容器に手を突っ込むなどの汚染を広げかねない行為はやめましょう。

使用後の個人防護具を装着したまま廊下を歩く。

3　排泄介助

● 排泄介助後の後片付け

　使用後の手袋とエプロンは、速やかにはずして手指衛生を行います。使用後の手袋やエプロンを装着したまま廊下を歩くことはやめましょう。周囲の環境を汚染させる危険があります。

　また、使用後の陰部洗浄ボトルは、洗浄後に消毒液に浸けます。消毒液に浸ける場合は、消毒薬の濃度、浸ける時間を守ります（40ページ参照）。消毒薬に浸けた後は、しっかり乾燥させます。

*陰部洗浄用の容器
陰部洗浄用の容器は、洗浄・消毒後にしっかり乾燥させることが大切です。水滴が残っていると、そこから微生物が繁殖する危険があります。乾燥しやすい容器の工夫も必要です。

〈うつらない〉ための感染対策③　排泄介助後

- **個人防護具**──介助後は、速やかに手袋・エプロンをはずして破棄！
- **手指衛生**───個人防護具をはずしたあとは、手指衛生！

○ こうすれば、大丈夫！

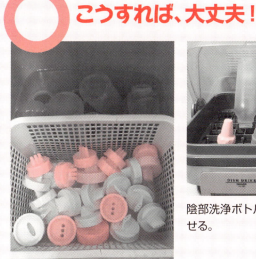

消毒液にしっかり浸けて消毒する。

陰部洗浄ボトルはしっかり乾燥させる。

水気を切り、立てて乾燥機に並べると、より乾燥しやすい。

容器は洗浄・消毒して、しっかり乾かすニャ！

4 入浴介助

　入浴は全身の清潔を保ち、爽快感を与えることができます。全身の血の巡りもよくなり、リラックス効果も期待できます。また、普段は十分に観察できない全身の皮膚状態の観察ができる貴重な時間です。しかし、高齢者は皮膚が弱く傷つきやすいため、入浴中も注意が必要です。

　介護の現場で問題となることが多い疥癬（かいせん）の伝播も、入浴がきっかけになることがあります。正しい入浴介助で安心して気持ちよくなってもらいましょう。

● 入浴介助と感染対策

　入浴は介護行為のなかでも大切な介助の1つです。高齢者施設でも、本来なら1人ずつゆったりとお風呂に入ることができればよいのですが、実際には何十人という利用者が次々と入り、なおかつ介助が必要な方が多いので、どうしても流れ作業のようになりがちです。高齢者施設での入浴介助は、感染管理の視点で注意すべき点があります。

　まず、入浴介助に伴う移動でストレッチャーや車椅子を使用する場合、保温のためにタオルや毛布などを使用することがあります。この**タオルを使いまわしすると、疥癬などの思わぬ皮膚病（感染症）が広がることがあります**。疥癬はヒゼンダニという虫が原因で、通常であれば健康な皮膚に感染を起こす可能性は低いですが、高齢者の皮膚は乾燥しており、バリア機能が弱くなっているため疥癬が広がりやすいのです（**116ページ**参照）。これを防ぐためには、**タオル、毛布などの使いまわしを避ける必要があります**。

　また、入浴介助時に手袋を使用するか否かについてですが、手袋を着用した状態で石けんを使うととてもすべりやすく、移動時

などとても危険です。教科書的には常に手袋を着用して、利用者ごとに手袋を交換するということになりますが、現実的な対応としては、「傷のある皮膚や粘膜、排泄物に汚染されている部位に触れるときに確実に手袋を着ける」ことの徹底を心がけてください。介助者の手に傷がある状態で、傷のある皮膚などに何度も触れると、B型肝炎、C型肝炎などの感染リスクがあり、海外ではHIVの感染事例もあります。

褥瘡や皮膚の傷に触る場合、手袋は必須だニャ！

〈うつらない〉ための感染対策①　入浴介助前〜入浴介助中

■ 入浴介助前
- 手指衛生──利用者の身体に触れる前に手を清潔に！
- 皮膚の観察──自分の手に傷がないか確認！

■ 入浴介助中
- 個人防護具──手袋の着用。傷のある皮膚や粘膜、排泄物に汚染されている部位を洗うときは必ず装着！

✕ こんなこと、していませんか!?

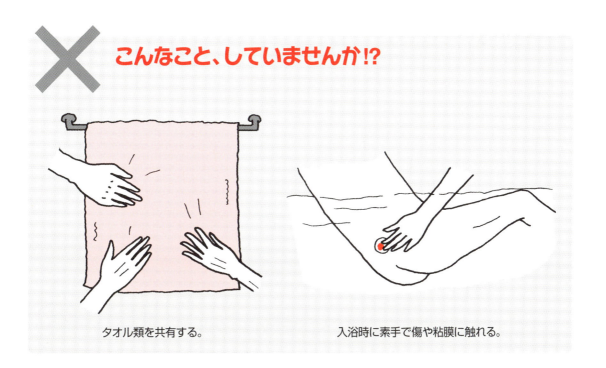

タオル類を共有する。　　　　　入浴時に素手で傷や粘膜に触れる。

○ こうすれば、大丈夫！

タオル類は1人ずつ交換する。

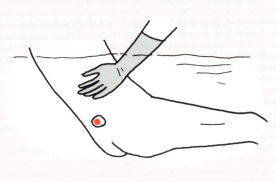

自分の手に傷があったり、利用者の皮膚に傷があるような場合は、手袋を着用する。

〈うつらない〉ための感染対策② 入浴介助後

● **手指衛生**——介助が終わったら手を清潔に！

コラム③ 手洗いが一番！

　在宅の現場では、病院や施設と同じような感染対策はできません。たとえば病院では、MRSA（**102ページ**参照）などの耐性感染症の発症者が出ると、個室に隔離したり、手袋やエプロン、マスクの着用を徹底したりします。これは、病院に入院している他の患者へ菌を広げないためです。

　MRSAは、在宅で介護を担当するスタッフや家族など、健康な人に感染症を起こすことはまずありません。しかし、病院の入院患者のような抵抗力の弱い人が感染すると、重症化や感染の拡大など大きな問題となるのです。

　在宅で、このような耐性菌に感染している人の介護をする場合、手洗いの徹底が一番です。ただし、傷がある皮膚、便、尿、痰などの体液や血液で湿った部位や、それらがついた物に触れるときは、手袋をしましょう。そして、手袋をはずした後には、流水と液体石けんでしっかりと手洗いをする、これが標準予防策です！

5 身支度介助

清潔な衣服に着替える、パジャマに着替えるという行為は清潔を保ち、生活にメリハリやリズムをつけることができます。また、入浴と同じように普段は観察できない皮膚の観察ができます。身支度介助が感染の原因になることは少ないですが、正しい方法ができなければ介助者の手指を介して感染が広がってしまうことがあります。日常生活の介助にも感染対策を意識しましょう。

● **身支度介助と感染対策**

　毎日の生活にリズムをつけることは、介護の現場で大切なことです。生活のなかで、あまり感染防止とのつながりを持って考えない身支度介助ですが、実は感染のリスクがここにも潜んでいます。利用者の体調が悪く、就寝中に嘔吐して寝衣を汚染してしまったり、おむつを使用している方が下痢をして、おむつから便が漏れてしまうこともあります。そのような場合、当然着替えをしますが、注意すべき点があります。

排泄の失敗は隠したいもの。気持ちを傷つけないように配慮するニャ！

嘔吐物、便などの排泄物は感染を起こすウイルスや菌が含まれていることがあります。それらに素手で触れることは、介護者への感染リスクだけでなく、周囲の環境や他の利用者へウイルス、菌を広げてしまうリスクがあります。そのため、必ず手袋を装着することが大切です。また、せっかく手袋を装着して気をつけても、汚染した衣服を床に置いてしまっては意味がありません。床にウイルスや菌が付着しないように、必ず専用のランドリーボックスか、ビニールなど透過性のない袋に入れて、直接床に置かないように注意してください。

　感染症がなく、皮膚状態に問題がない利用者の着替えをするときでも、必ず手袋を装着している方もいると思います。健康な皮膚には感染性はないというのが標準予防策の考え方です。すべての利用者の着替えをするときに手袋を装着する必要はありません。ただし、介助者の手に傷がある場合は手袋をします。いずれにしても、着替えの前後にしっかりと手指衛生をすることを徹底してください。

〈うつらない〉ための感染対策　　身支度介助前〜介助後

■身支度介助前
- **手指衛生**──利用者の身体に触れる前に手指衛生！
- **個人防護具**──嘔吐物、便、尿、痰などによる汚染があるときは手袋を装着！

■身支度介助中
- **個人防護具**──汚れた手袋で、清潔な部分や周囲に触らないよう注意！

■身支度介助後
- **個人防護具**──介助が終わったら、最初に手袋をはずす！
- **手指衛生**──介助が終わったら、次の行動に移る前に手を清潔に！

✕ こんなこと、していませんか!?

脱いだ衣服を床に直接置く。

血液や嘔吐物などがついた衣服を素手で扱う。

あるある〜ついつい、やっちゃうのよね

◯ こうすれば、大丈夫！

脱いだ衣服は、ランドリーボックスまたはランドリーバッグへ入れる。

血液や嘔吐物などがついたリネンを扱う際は、手袋をする。

6 塗り薬、点眼薬の使用

塗り薬、点眼薬は日常的に使用されることが多い薬です。塗布や点眼は一見単純な作業ですが、正しい方法で塗り薬、点眼薬を管理できなければ、簡単に微生物で汚染されてしまいます。薬を使用する前に手を清潔にすることが大切です。また、眼の粘膜や傷のある状態の皮膚に触れる可能性があるため、手指衛生をしたきれいな手に清潔な手袋を着用します。

● **塗り薬、点眼薬を使用する場合の感染対策**

注射などと違い、塗り薬や点眼薬の使用は介護者が実施することもあると思います。塗り薬にはチューブタイプと容器（軟膏つぼ、ボトル）のタイプがあります。軟膏などの塗り薬は複数の人が使用しますので、薬を塗る前には手指衛生が必要です。塗り薬が汚染されてしまうと、汚染した塗り薬を皮膚に塗ることになってしまいます。塗り薬を使用する皮膚は極端に乾燥している、または滲出液が出ていることが想定されます。そのような皮膚に触れるときは標準予防策にのっとり、手袋の着用が必要になります。

点眼薬を使いまわすことはあまりないと思いますが、眼の粘膜近くで使用する薬品ですので、まつ毛に触れることがあり、感染するリスクがあります。眼の感染症である結膜炎を起こすアデノウイルスという病原体は非常に感染力が強く、消毒薬が比較的効きにくいウイルスです。万が一点眼薬を共有してしまうと、このようなウイルスが点眼薬を介して広がっていく可能性があります。点眼薬を使用しているということは、眼脂（めやに）や充血などの症状がある場合がほとんどです。点眼前後の手指衛生、手袋の着用も必要です。

単純な処置であっても、基本的な手指衛生や手袋着用をしなければ、気がついたときには感染が広がっているという状況が起こ

6 塗り薬・点眼薬の使用

ります。手指衛生、手袋の着用を忘れずに徹底しましょう。

〈うつらない〉ための感染対策 塗り薬の塗布・点眼前～塗り薬の塗布・点眼後

塗り薬の塗布・点眼前
- 手指衛生────薬を汚染しないよう、手を清潔に！
- 個人防護具────薬の汚染を防ぐために手袋を着用！

塗り薬の塗布・点眼中
- 個人防護具────手袋の装着。浸出液、眼脂などに素手で触れない！

塗り薬の塗布・点眼後
- 個人防護具────処置が終わったら、最初に汚れた手袋をはずす！
- 手指衛生────処置が終わったら、次の行動に移る前に手を清潔に！

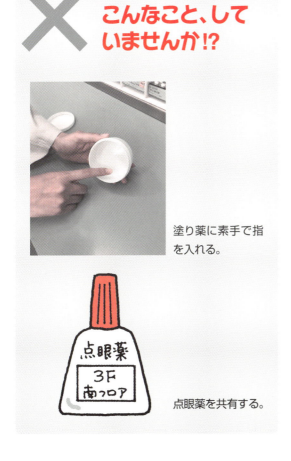

✕ こんなこと、していませんか!?

塗り薬に素手で指を入れる。

点眼薬を共有する。

○ こうすれば、大丈夫！

軟膏などの塗り薬は必ず手袋をして取り扱う。なるべくチューブタイプが望ましい。

点眼薬は必ず個人専用のものを使用する。

7 リネンの取り扱い

　リネンとは、シーツ・枕カバー・タオル類などの総称で、テーブルクロスやカーテン、ユニフォームも含まれます。誰だって、洗いたての清潔なシーツや枕カバーは気持ちがよいもの。快適な睡眠環境には、リネンの清潔が大切な要素です。

こんなこと、していませんか⁉

廊下のカートに山積みにしている。

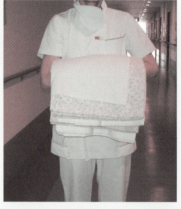

スタッフが腕に抱えて移動する。

部屋の前の手すりにかけてスタンバイ。

ケア用品や、ポジショニングに使用するクッションと同じ場所で保管している。

使用前のリネン類の取り扱い

リネン業者によって洗濯・乾燥されたリネン類が施設に搬入されたら、周囲の埃や塵などで汚染されないように、扉のついた保管庫に保管しましょう。保管スペースが不十分な場合は、専用のキャビネットや、カバーをしたカートなどに管理しましょう。

清潔なリネンは、むやみに触ってはいけません。また、運搬時は清潔なカートを使用し、使用済み（汚染）リネンとは別に運搬しましょう。

〈うつらない〉ための感染対策① リネン交換を始める前

- **手指衛生**――清潔なリネン類は、手指衛生をした清潔な手で！
- **個人防護具**――手袋、エプロン、マスクを準備！

こうすれば、大丈夫！

専用の部屋（清潔リネン庫）やキャビネットで保管する。

手指衛生をした清潔な手で扱う。

清潔なカート（カバーのできるもの）に乗せて、使用する場所まで運ぶ。

こんなこと、していませんか!?

はずしたリネン類を床に置く。

丸めて抱きかかえる。

ランドリーバッグからあふれ出ている。

すべて「標準予防策」で！

　使用済みのリネンは、さまざまな微生物に汚染されている可能性があります。また、皮脂や落屑（ふけや皮膚）がついたり、おむつ交換時に便や尿がついてしまっていることも考えられます。そのため、標準予防策が必要なのです。
　特に、便や尿、痰、嘔吐物などで汚染されている場合は要注意です。

使用済みのリネン類の取り扱い

　使用済みのリネン類の取り扱いは、「標準予防策」の考え方に準じて行います。実際に感染症があるかないかではなく、すべての利用者について、感染している可能性があるものとして行わなければいけません。
　リネン交換時には、個人防護具が必要です。個人防護具を使用しないと、交換を行った人の手指やユニフォームを介して、微生物が施設に広がってしまうかもしれません。

〈うつらない〉ための感染対策② **リネン交換中**
- **個人防護具**──手袋、エプロン、マスクを装着！
- **個人防護具の交換と手指衛生**──利用者ごとに手袋を交換し、手指衛生！
（汚染がひどい場合はエプロンも交換）

7 リネンの取り扱い

○ こうすれば、大丈夫！

使用していた側が内側になるように、静かに小さくまとめる。

↓

その場で分別して、非透過性（水を通さない）のランドリーバッグ（回収袋）に入れる。ランドリーバッグ（回収袋）自体も定期的に洗濯する（業者に確認すること！）。

★ 排泄物や嘔吐物、血液などがついていたら、ビニール袋に密封！

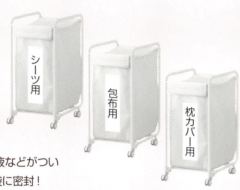

シーツ用／包布用／枕カバー用

👆 片付ける前に、もう一度確認！

- 入れ歯、補聴器、メガネなど

  汚染リネンを、再びランドリーバックなどから取り出して探すことになると、人や環境（廊下や手すりなど）を汚染することに。

- 使用したティシュペーパーや自分で外した尿取りパッドなど

  うっかり触ってしまう危険あり。

- 薬や食べ物

排泄物や嘔吐物が付着したリネン類の取り扱い

施設内の床や利用者のベッド周囲が微生物で汚染されるのを防ぐため、排泄物や血液などが付着したリネン類は、ランドリーバッグにそのまま入れず、ビニール袋に密封します。

また、リネン類に付着した排泄物や嘔吐物を、施設内で洗濯、つまみ洗いをするのはやめましょう。安全に洗浄できるスペースの確保は困難です。また、洗うことでリネン類が湿ると、微生物が増殖しやすくなるだけでなく、重くなって扱いにくくなります。洗わずそのまま渡せるよう、委託業者さんと話し合ってください*。

＊やむをえず施設内で処理する場合

密封できる容器・蓋つきバケツなどを使い、0.1％次亜塩素酸ナトリウム消毒液に汚染リネン全体を十分に30分以上浸けます。その後、通常の洗濯（もしくは熱水洗濯機で洗濯）を行います。

〈うつらない〉ための感染対策③

- **手指衛生**──個人防護具をはずして廃棄したら、すぐに手指衛生！

8 水まわりの清掃：トイレ、洗面台、浴室

壁や床などの環境表面から人へ感染することは、一般的にはまれであるといわれています。しかし、高齢者は抵抗力が弱く、感染しやすい状態にあります。人の手指を介して病原性のある微生物が伝播され、交差感染の原因になることもしばしばあります。さらに施設では、集団生活をすることで感染が広がりやすい状況にあるといえるでしょう。

環境から微生物をなくすことは難しいですが、1日1回以上の清掃・換気を行い、環境を清潔に保つ必要があります。

● 清掃の主な目的

清掃の主な目的は、「感染源を除く」ことです（具体的には下記）。

1. 有害な細菌などの微生物を除去する。
2. 微生物が増殖するための栄養源（落屑（らくせつ）や埃（ほこり）など）となる汚れを減らす。

そのため、定期的な清掃を行うなどの衛生的な管理が必要となります。1日に何回清掃すればよいか、というようなガイドラインや通知などは特にありませんが、手指のよく触れる環境表面は頻回に清掃することが重要でしょう。

特にトイレ、洗面台、浴室などの水まわりは、常に濡れていることが多い場所です。湿気により微生物が繁殖しやすいので、乾燥させるよう心がけましょう。

〈うつらない〉ための感染対策① 水まわりの清掃

- 清掃────微生物と、微生物が増殖するための栄養源（感染源）を除く！
- 湿潤環境───濡れたところは微生物が繁殖しやすい。清掃や清拭、場合によっては消毒した後、よく乾燥させる！

8 水まわりの清掃：トイレ、洗面台、浴室

 こんなこと、していませんか!?

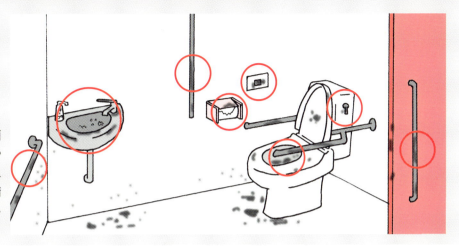

トイレや洗面台の嘔吐物や排泄物、濡れたところを清掃せず放置している。

 こうすれば、大丈夫！

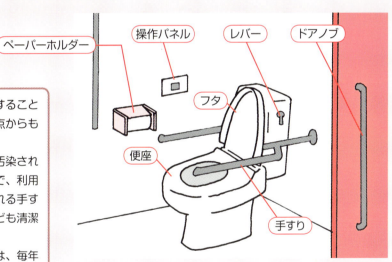

トイレや洗面台の嘔吐物や排泄物、濡れたところは処置・清掃後、乾燥させる。

- 便器をきれいにすることは、悪臭を防ぐ点からも重要です。
- 排泄物によって汚染されやすい場所なので、利用する人が直接触れる手すりやドアノブなども清潔に管理します。
- 便器やその周囲は、毎年流行するノロウイルスによる感染性胃腸炎などの感染の原因にもなります。排泄物や嘔吐物で汚染した場合は、素早く清掃・消毒する必要があります。
- トイレの清掃用チェックリストを用いることも有効です。

● トイレ清掃用チェックリスト

場所	／	／	／	／
トイレ便座の上				
トイレ便座の裏側				
トイレの床				
トイレの水洗バー				
トイレのドアノブ				

67

浴室の清掃

高齢者施設では、給湯関連設備を介してのアスペルギルス感染症やレジオネラ症（**104 ページ**参照）が問題となります。設備業者の取扱説明書などに従い、浴槽のお湯交換、浴室の清掃・消毒などをこまめに行いましょう。

日常的には、家庭の浴室の清掃と同じく、浴室用洗剤で浴槽や床、壁などを清掃します。疥癬などにかかっている人は最後に入浴してもらい、入浴後は洗浄・消毒を行いましょう。また、脱衣室での落屑（らくせつ）なども注意して清掃しましょう。

浴室・浴槽・床の清掃のポイント

❶ 浴室用洗剤とスポンジタワシなどで洗浄した後、十分に水洗いします。

❷ 乾いた清潔な布で水分を拭き取って乾かします。次の使用直前まで、できるだけ乾いた状態を保つようにします。

❸ マットや椅子なども、洗浄後、十分に乾燥させておきましょう。

浴室の衛生管理のポイント

毎日実施する衛生管理	1. 脱衣室の清掃 2. 浴室内の床、浴槽、腰掛けの清掃 3. 浴槽の換水（非循環型：毎日、循環型：1回/週以上） 4. 残留塩素濃度（基準 0.2～0.4 mg/L）の測定 　→測定結果は記録して3年間保管する。
定期的に実施する衛生管理	1. 循環型浴槽は、1週間に1回以上、ろ過器を逆洗し消毒する。 2. 自主点検を実施する（業者委託も可）。 3. 以下の項目について、少なくとも年1回以上の点検、洗浄、消毒を行う。 　①浴槽水のレジオネラ属菌等の検査 　②浴槽、循環ろ過器および循環配管設備等の点検（洗浄、消毒） 　③貯湯タンクの点検・洗浄

出典：厚生労働省「高齢者介護施設における感染対策マニュアル」（平成25年3月）

〈うつらない〉ための感染対策②　浴室の清掃

- **湿潤環境**──清掃後は水分を拭き取って、しっかり乾燥！

換気扇もチェック

トイレや浴室の換気扇についても、特別な清掃や消毒は不要です。ただし、湿気の多いところにはカビなどが生えやすいため、定期的に点検・清掃を行いましょう。

トイレや浴室を清掃するとき、換気扇に埃（ほこり）がついたり汚れたりしていないか、目で見て確認する習慣をつけましょう。

● 排泄物や嘔吐物で汚染した場合の清掃・消毒

排泄物や嘔吐物を片づけるときは、作業者が微生物に感染しないよう手袋、マスク、エプロンを着用し、次亜塩素酸ナトリウムを使って処理します（81〜82ページ参照）。消毒が不十分だと、ノロウイルスなどが広がってしまう可能性があるので、手順どおりにしっかりと処理します。

使用したペーパータオル、手袋、エプロンなどは、ビニール袋に密封し廃棄します。処理後は液体石けんと流水で十分時間をかけて手洗いを行います。また、空気中にウイルスが浮遊している場合があることや、次亜塩素酸ナトリウムの臭気もあるので、換気をするようにします。

換気扇も忘れずにチェック！

〈うつらない〉ための感染対策③　排泄物や嘔吐物で汚染した場合の清掃・消毒

- **個人防護具**──処理作業前には、作業者に感染しないよう、手袋、エプロン、マスクを着用して処理する！

3章 感染対策その2：うつらない

9 室内の清掃：手すり、ドアノブ、ベッド柵、スイッチ類、テーブルなど

清掃の基本の第一は、埃（ほこり）、汚れをとり除くことです。微生物が付着した埃が舞い上がることによって、鼻、口、上気道、傷口などに定着、人体に侵入し病気を引き起こすこともあります。施設や家庭環境には多種多様な微生物が存在しているのです。

● 室内清掃と感染対策

❶ 消毒より洗浄が先

施設環境には多種多様な微生物が存在していますが、これらの埃や汚れを除去するのに、消毒を日常的に行っても意味はありません。洗浄をしないで消毒薬を使用しても、消毒効果は得られません。

❷ 手指のよく触れる環境表面に注意

手が触れる環境表面は日常的に清拭・清掃を行い、埃や汚れを取り除いておくことが、最も有効な感染予防の1つです。除菌として消毒薬を用いる必要はありません。大切なことは日常の湿式清拭です。環境の微生物をなくすのは難しいことですが、定期的な清掃を行い、手指のよく触れる環境表面は頻回に清掃することが重要です。

❸ 清掃手順や場所を明確にする

しかし、人により清掃する手順や場所などが異なることがよくあります。また、忙しいとつい後回しにすることがあります。そのようなことのないように、清掃する場所と方法・使用する物品などを記載したマニュアルを作成することが必要です。清掃時間を決めて徹底することもよいですし、だれでも確実にできるように、清掃箇所を書いたチェックリストなどがあるとよいでしょう。

チェックリストで確認しながら掃除するのも有効ニャ！

＊チェックリスト例

場所	/	/	/
ベッド柵			
ベッドのリモコン			
テレビのリモコン			
頭床台			
居室の床			

9　室内の清掃：手すり、ドアノブ、ベッド柵、スイッチ類、テーブルなど

× こんなこと、していませんか!?

手のよく触れる場所の清掃・清拭をしていない。

○ こうすれば、大丈夫！

手のよく触れる場所の
清掃・清拭をしていますか？

ベッド柵、ヘッドボード、頭床台、物入れ、窓、リモコンなど人の手が触れる箇所は、重点的に清掃・清拭する。

〈うつらない〉ための感染対策①　室内の清掃

● 清掃場所────手がよく触れるところ＝汚染されやすい場所を中心に！

● 施設内や居室内のゾーニング（区域分け）

　施設内や居室内のゾーニング（汚染の度合いによる区域分け）を行い、清掃頻度を決めていきましょう。

　MRSAなどの多剤耐性菌感染者や、保菌者の室内の環境表面は、汚染されているといわれています。また、ノロウイルスなど感染力の強い微生物は、環境中でも長時間生存するといわれています。環境に存在する微生物が直接人に感染することは、まれと考えられますが、環境に触れた手指を介して微生物が伝播される可能性はあります。

　床やトイレなどの環境だけでなく、==手指がよく触れる環境表面==（手すり、ドアノブ、ベッド柵、リモコンなどのスイッチ類、ナースコール、テーブルなど）は頻回な清掃・消毒が必要といえるでしょう。汚染の状況に合わせて決めましょう。

　ノロウイルスやクロストリジウム-ディフィシルなどの場合は、次亜塩素酸ナトリウムなどを使用した消毒や、液体石けんと流水による手洗いの徹底が必要になります。

〈うつらない〉ための感染対策② 室内の清掃

● ゾーニング――施設内や居室内のゾーニングを行い、清掃頻度を決める！

○ こうすれば、大丈夫！

居室のベッド柵、リモコン類（ベッド、テレビ）、ドアの引き手とその周辺、エレベーターのボタン、廊下の手すりなど、手がよく触れる箇所は重点的に清掃する。

● 室内のゾーニング

汚れやすさによる区域わけ	該当する室内の建築部位
汚染されやすい	床、手すり、ドアノブ、引き手とその周辺
比較的汚染されやすい	下壁（手すりの高さ以下）
汚染されにくい	上壁（手すりの高さ以上）、天井

10 床の拭き方と清掃道具の管理

れいな施設や居室とは、①床に物品が置かれていたり放置されていない、②整理整頓されている、③掃除が行き届いている、④臭わない、ことです。

この4点は、感染管理上でも重要なポイントになります。

● **床の清掃**

床の清掃の基本は、拭き取りによる埃(ほこり)の除去です。埃を舞い上がらせないように水で湿らせたモップや布（雑巾）による拭き掃除を行い、乾(から)拭きをして乾燥させます。

原則1日1回の清掃でよいと思われますが、汚染がひどい場合は回数を増やすなどして、見た目でもわかる汚染が放置されないようにします。

✕ こんなこと、していませんか⁉

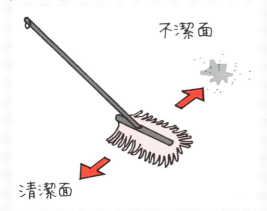

清掃時、モップを行ったり来たりさせる。

室内でアルコール製剤などの消毒薬を散布・噴霧する。

3章 感染対策その2：うつらない

○ こうすれば、大丈夫！

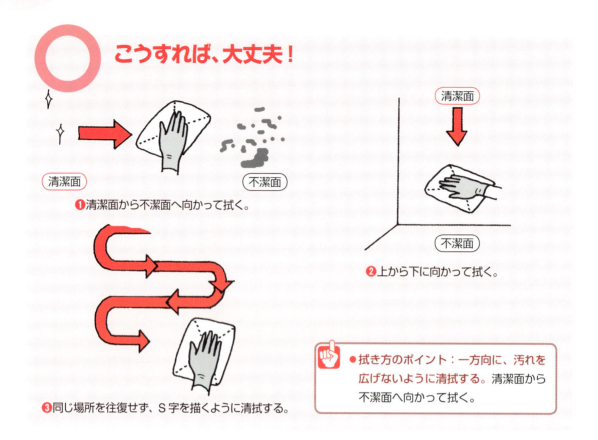

❶ 清潔面から不潔面へ向かって拭く。

❷ 上から下に向かって拭く。

❸ 同じ場所を往復せず、S字を描くように清拭する。

● 拭き方のポイント：一方向に、汚れを広げないように清拭する。清潔面から不潔面へ向かって拭く。

● 清掃道具の管理

❶ 雑巾やモップの管理

清拭する雑巾やモップは、こまめに交換しましょう。また、雑巾やモップは洗浄後、しっかりと乾燥させることが重要です。

モップがけの手順には、オンロケーション方式（モップが汚れたらバケツの水で洗って、床を拭いていく）と、オフロケーション方式（モップが汚れたら、スペアのモップヘッドと交換して床

● オンロケーション方式とオフロケーション方式

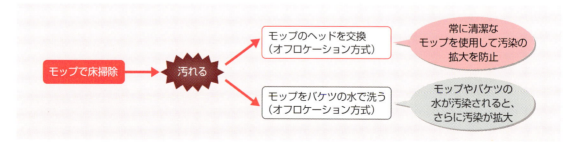

を拭いていく）があります。オンロケーション方式は、汚れた水でモップを洗うため、かえって汚れを床に付着させてしまうこともあります。それに対して、オフロケーション方式は、いつも清潔なモップで床を拭くことができるため、病院など衛生的な清掃が必要な施設では「オフロケーション」が推奨されています。

❷環境が汚染している場合の清掃

下痢や嘔吐などの症状がある人の居室を清掃する場合や、ノロウイルスによる感染性胃腸炎が流行しているようなときは、雑巾やモップを消毒する必要がありますので、使い捨ての清掃クロス（ディスポクロス）などを活用するとよいでしょう。

ディスポクロスを使用できない場合は、使用場所ごとに雑巾やモップを交換しましょう。ディスポクロスにかかる費用とモップなどの管理にかかる人件費などを比較検討するとよいでしょう。

床が、血液や分泌物、嘔吐物、排泄物などで汚染した場合は、手袋、エプロン、マスクを着用して、次亜塩素酸ナトリウムで清拭、消毒、乾燥させる必要があります。その際には換気も忘れずに行いましょう（78～82ページ参照）。

室内の清掃の代わりに、環境中にアルコール製剤などの消毒薬を散布・噴霧することは危険で根拠もなく、行ってはいけません。

〈うつらない〉ための感染対策　清掃中～清掃後

● 個人防護具──清掃時は手袋、エプロン、マスクを着用し、清掃後はしっかり手洗い！

環境が汚染する例

❶失禁を伴う下痢の場合　❷咳をしたり、痰の喀出がある場合　❸嘔吐のある場合

こうすれば、大丈夫！

清掃時は、手袋、エプロン、マスクを着用する。

掃除をする場合、窓を開けて換気をする。

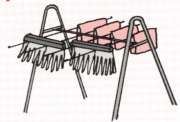

雑巾やモップは使用後、よく洗浄し、しっかり乾燥させる。

- 清掃時は、手袋、エプロン、マスクを着用し、清掃後は、よく手を洗いましょう。
- 部屋の奥から出口に向かって清掃しましょう。
- 清掃時は部屋の換気もしましょう。
- 使用した雑巾やモップは、家庭用洗浄剤で洗い、流水下できれいに洗浄し、しっかりと乾燥させましょう。
- 広範囲の拭き掃除の際、アルコール製剤の使用や室内でのアルコール噴霧はやめましょう。
- カーテンは、汚れや埃または嘔吐物、排泄物による汚染が予測される場合は、ただちに交換しましょう。
- トイレ、洗面所、汚染場所用と一般居室の清掃用具や物品は区別し、使い分けましょう。

 コラム④ 施設に合ったマニュアルを整備しよう

あなたの施設のマニュアルは、どこかの病院のマニュアルをそのまま引用していませんか？　高齢者施設の感染対策マニュアルは、施設の全職員が実践すべきことを整理して記載したものです。感染対策の基本的な考え方は、高齢者施設も病院も同じですが、高齢者施設は生活の場所であることや、職員が医療に対して不慣れであることを踏まえ、マニュアルに盛り込む内容は、自施設で実践できるかどうかよく検討し、ポイントを簡潔にまとめておきましょう。

マニュアルには、以下の❶～❸の3点を必ず記載します。

感染対策の基本
❶感染源（病原体）を「持ち込まない」「ひろげない」「持ち出さない」ための方法と注意点
❷標準予防策（血液や排泄物など感染の危険があるものに対する認識）
❸感染経路別予防策（空気感染予防、飛沫感染予防、接触感染予防）

また、施設の中で感染対策について話し合う人や、場所も決めておきましょう。

感染対策その3：
ひろげない

4 章

1 嘔吐物、排泄物の処理

嘔吐物や排泄物の処理は、汚染を拡大しないことが大切です。介護者自身、他の利用者、環境にも汚染を広げないためにはどうすればよいのでしょうか？

個人防護具着用の必要性

このような風景を見たことはありませんか？ 利用者が食堂でいきなり吐き、呼ばれた介護者があわてて向かいます。…あれ？ 急いだせいか、手袋、エプロン、マスクなどの個人防護具を何も着けていません。

嘔吐物、排泄物の処理時には、処理をしている介護者が汚染される可能性があるので、必ず個人防護具を着用しましょう（着用方法は 34～35 ページ参照）。

✕ こんなこと、していませんか!?

> あっ！利用者さんが吐いた！

> はーい！すぐ行きます！

個人防護具を何も着けず、あわてて現場へ向かう→処理をしている職員が汚染する可能性がある。

1 嘔吐物、排泄物の処理

嘔吐物、排泄物の処理時は必ず個人防護具を着用する。

〈ひろげない〉ための感染対策①　嘔吐物、排泄物の処理前

- 個人防護具──現場にかけつける前に必ず手袋、エプロン、マスクなどを着用！

物品の事前準備

　嘔吐物、排泄物は速やかに処理をするのが基本です。突然の嘔吐などに備えて、必要物品はすぐ使える場所に置いておくか、処理用セットを作成しておくとあわてずに済みます。

4章 感染対策その3：ひろげない

○ こうすれば、大丈夫！
物品をまとめて置いておこう！

必要物品の例

嘔吐物、排泄物の処理用セット
- □使い捨て手袋　3セット以上
- □ガウンまたはエプロン
- □マスク
- □ゴーグルまたはフェイスシールド
- □ペーパータオルやディスポクロスなど
- □大きめのビニール袋（45Lのゴミ袋など）　2枚以上

※消毒薬は0.1％次亜塩素酸ナトリウムを使用します。ノロウイルスなどの場合、アルコール製剤では効果がありません。0.1％に薄めたものを毎回作成するか、市販のスプレータイプを使用してもよいでしょう。

〈ひろげない〉ための感染対策②　嘔吐物、排泄物の処理中

- ●物品の準備――速やかな処理のため、物品は、すぐ使えるところに準備！

> 基本は
> ガウン着用ニャ！

● 嘔吐物、排泄物の処理方法

　まず、嘔吐した利用者を、早急に他の利用者から離します。嘔吐者は服を脱がせ、服はビニール袋に入れて汚物処理室に運び、嘔吐物の処理後に消毒をします。嘔吐者の口腔内に嘔吐物が残っている恐れがあるため、うがいまたは口腔ケアを行いましょう。

　嘔吐時に周囲にいた人や処理をした人は、その後の数日間、体調チェックが必要です。嘔吐物処理の具体的な方法を「こうすれば、大丈夫」で説明します。

1 嘔吐物、排泄物の処理

こうすれば、大丈夫！
嘔吐物処理の方法

❶ まず、汚染ゾーンを決定します。

勢いよく嘔吐した場合、汚染された範囲の目安は周囲2メートルです。決定した汚染ゾーンの中には処理するスタッフのみが入ります。

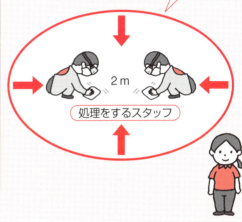

床だけではなく、エリアの中の物品も、クロスを替えて拭きましょう

処理をするスタッフ

応援スタッフ

❷ 処理準備をします。

- 換気をします（ウイルスの浮遊、次亜塩素酸ナトリウムの塩素ガスや臭気対策）。
- 個人防護具を装着します。替えの手袋も取りやすいところに置いておきます。
- ビニール袋は、口を外側に折り返して広げておきます。
- ペーパータオルは水で濡らしておきます。

❸ 嘔吐物を処理します。

- 濡らしたペーパータオルを嘔吐物にかけます。
- 外側から内側に向かって拭きます。

交換用の手袋は数セット置いておく

ビニール袋は広げておく
大きい方が使いやすい

ペーパータオルは水で濡らしておく

外側から内側に向かって拭く

次ページに続く

❹ 嘔吐物を廃棄します。

- 嘔吐物を拭き取ったペーパータオルをビニール袋に入れて口を縛り、2枚目のビニール袋に入れます。
- 手袋もはずして同じビニール袋に入れ、手指衛生をしてから、新しい手袋を着用します。

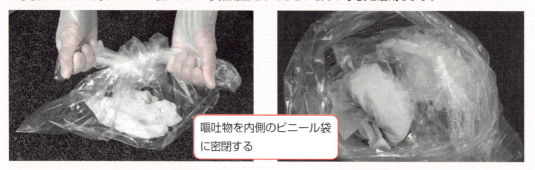

嘔吐物を内側のビニール袋に密閉する

❺ 汚染ゾーンを清拭します。

- 嘔吐物の周囲2メートルとそのエリアの物品を、0.1％次亜塩素酸ナトリウムで清拭します。

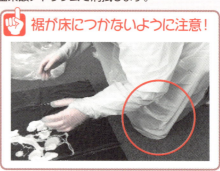

裾が床につかないように注意！

❻ 個人防護具をはずします。

- 清拭に使用したペーパータオルをビニール袋に入れます。
- 手袋、ガウンをはずしてビニール袋に入れ、手指衛生の後、再度、手袋を装着し、外側のビニール袋をくくります。
- 手袋をはずして廃棄し、石けんと流水で手を洗います。
- その後、マスクをはずし、廃棄してからもう一度、手指衛生を行いましょう。

〈ひろげない〉ための感染対策❸　嘔吐物、排泄物の処理

- **処理方法**────汚染ゾーンを決定し、個人防護具をつけた処理スタッフのみが作業する。

次亜塩素酸ナトリウムの使用について

- 金属部分に用いると腐食する恐れがあるので注意しましょう。
- 必ず換気を行い、手袋を着用しましょう。
- 有機物や日光（紫外線）により分解し、濃度が低下します。
- トイレ洗浄剤（酸性）と一緒に使用すると、有毒ガスを発生する恐れがあるので注意が必要です。

2 血液、体液の処理

血液、体液の処理は、突然の場合であっても個人防護具の着用が必要です。

たとえばレクリエーションをしていて、急に利用者から「手を切っちゃった、血が…」と言われたら、あわてて素手でガーゼを傷口に当てたりしていませんか？ 傷口からの出血がたとえ少量でも、必ず個人防護具（最低でも手袋）をつけましょう。

✕ **こんなこと、していませんか!?**

少量の出血だからと個人防護具をつけない。

○ **こうすれば、大丈夫！**

少量の出血でも、標準予防策を守ることが大切。

血液、体液の処理が必要な場面①

❌ 利用者が転倒した！

👉 利用者が転倒したとき、けがをしているかもしれません。ほかのスタッフに手袋を持ってきてもらいましょう！

❌ リネン類が汚れている

👉 血液や尿、便などでリネン類が汚染していることがあります。その際も、素手で触らず、手袋、エプロン、マスクを着用しましょう。

❌ 入浴介助時のハプニング

👉 入浴介助時、尿、便などの失禁や、ひげ剃りでの出血などのハプニングは多くみられます。血液、体液に触るときは、手袋を着用できるように準備しておきましょう。

血液、体液の処理が必要な場面②
―こんなことにも注意が必要―

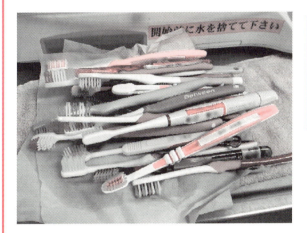

歯ブラシにも唾液などの体液が付着しています。
いくら洗浄するからといって、まとめて置いていませんか？

ひげ剃りに使用するカミソリは、洗浄後キャップを付けて保管しましょう。
できるだけ電気シェーバーを使うように推奨しましょう。

● 血液、体液の処理が必要な場面

　日常業務を行っていて、血液、体液に触れる機会は意外なところにもあるものです。具体的にどんな場面があるか考えてみましょう。血液や体液で環境を汚してしまったときの清掃方法は「嘔吐物処理の方法」（81～82ページ）を参照してください。

コラム❺ 擦り傷など軽い傷をケアするときのポイント

ポイント❶ 血液や体液に注意
　血液や体液が付着していたら、必ず手袋を着用。血液や膿が多く着いたガーゼはビニール袋に入れ、**感染性廃棄物**として処理しましょう。

ポイント❷ 個人防護具を使用
　手袋、エプロン、マスク、ゴーグルを着用しましょう。

ポイント❸ 傷の状態を観察
　傷の大きさ、色、ジクジク湿っているか乾燥しているか、熱感や臭い、痛みはどうか、などを観察しましょう。

5章

高齢者がかかりやすい感染症

1 ウイルスによる感染症

● ウイルスとは

- ウイルスは、0.1μmくらいの大きさで、細菌より微小です。
- 自力で繁殖することができないので、人や動物などの生きている細胞の中に入り込み増殖します。
- ウイルスなので、抗菌薬は効きません。
- 一部のウイルス（風しん・日本脳炎・インフルエンザなど）は、ワクチン接種で予防できます。

◉ ウイルスの大きさ

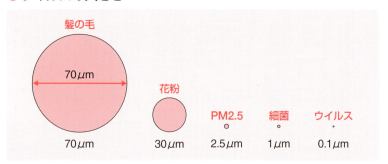

◉ ウイルスと細菌の違い

	ウイルス	細菌
増殖するとき	人や動物の中で増える	細胞がなくても増える
核酸	DNAかRNAどちらかをもつ	DNAとRNA両方もつ
細胞壁	ない	ある
蛋白合成	ない	ある
エネルギー生産	しない	する
2分裂増殖	しない	する
抗菌薬	効かない	効く

1 ウイルスによる感染症

インフルエンザ

|病原体| インフルエンザウイルス：influenzavirus
|感染経路| 飛沫感染、接触感染
|主な症状| 高熱（38〜40℃）、頭痛、筋肉痛、関節痛、全身のだるさ

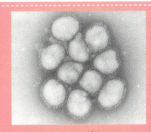

インフルエンザウイルス
出典：国立感染症研究所ホームページ
（https://www.niid.go.jp/niid/ja/multimedia/368-2009pdm.html）

● インフルエンザとは

❶ 特徴
- 冬季に流行します。（12月下旬から3月上旬）
- 潜伏期は1〜3日で、発症後も約3日は感染力が強いとされています。
- 高齢者の場合、感染していても平熱に近いこともあり、発見が遅れがちです。さらに肺炎を併発したり、持病が悪化するリスクが高まります。食欲不振、なんとなく元気がない、などのときは、早めに医療機関に受診しましょう。

❷ 感染経路
- せきやくしゃみによる飛沫を吸入することにより感染します（飛沫感染）。
- 飛沫が付着した環境表面や物に手が触れ、その手を介して付着したウイルスが鼻や口などの粘膜から侵入し感染します（接触感染）。

● 介護するときの注意点

❶ ワクチンの接種
- インフルエンザウイルスの流行株は毎年変わります。流行前に利用者や介護スタッフ全員が、インフルエンザワクチンを接種しておくとよいでしょう。
- 可能であれば、65歳以上の利用者は肺炎球菌ワクチンも接種しておきましょう。

まずは早めにワクチンを接種するニャ！

89

- ワクチン接種をすれば、決してインフルエンザにかからない、というわけではありませんが、重症化や合併症併発を防ぐためにワクチンを接種します。

❷ **感染対策**
- 流行時期には、地域の流行状況を把握しておくことが大切です。
- 手洗いや咳エチケットなどの標準予防策に加えて、飛沫感染予防策を実施します。
- 感染したと思われる人は、別の居室へ移し、ほかの利用者との接触を避けます。隔離ができない場合は、ベッド間隔を2ｍ以上あけるようにしましょう。
- インフルエンザにかかっている人と1日程度前に1〜2ｍの範囲で接触（隣の席で食事をしたなど）した人の発熱などの健康チェックを行い、症状があれば早めに受診することが必要です。
- 感染した人や、感染が疑われる人の鼻水、痰、唾液などがついたタオル、マスク、ティッシュはウイルスが付着している可能性があります。手袋などを着用して素手で触らないようにし、作業後は必ず手洗いを行います。
- ドアノブなど日常でよく手が触れる場所は、他の場所より頻回に清拭・清掃します。
- 介護者が感染してしまうと、利用者へ感染を媒介してしまうことになるので介護者の自己管理が大切です。高齢者施設では、介護職が体調不良の際は出勤しないようにするなど、体制の整備を行うことが必要です。

❸ **咳エチケットについて**
- インフルエンザにかかっている人や咳症状のある人は、マスク（サージカルマスク）をします。
- インフルエンザ流行時期には、施設の入口に「咳エチケット」に関するポスターを掲示し、家族・面会者にマスク着用をお願いします。咳症状のある人の面会は、できるだけ避けてもらうことが望ましいでしょう。

◉咳エチケットのポスター

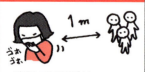

Q インフルエンザワクチンの接種はいつ頃受けるのがよいですか？

A 日本では、インフルエンザは例年12月～3月頃に流行し、1月～2月に流行のピークを迎えます。ワクチンの効果は、接種後2週間から5カ月間です。毎年12月中旬までに接種を終えることが望ましいと考えられます。

Q ワクチン接種を受けたのに、インフルエンザにかかったことがあるのですが、ワクチンは効果があるのですか？

A インフルエンザにかかるときは、インフルエンザウイルスが口や鼻から体内に入り、細胞に侵入して増殖します。この状態を「感染」といいますが、ワクチンはこれを完全に抑える働きはありません。

　インフルエンザの症状が出ることを「発症」といいますが、ワクチンはこの発症を抑える効果が一定程度認められています。またワクチンの最も大きな効果は、発症後に肺炎などによる合併症が現れ重症化することを予防することです。

　このようにインフルエンザワクチンは、接種すればインフルエンザに絶対かからないというものではありませんが、ある程度の発症を阻止する効果があり、たとえかかっても症状が重くなることを阻止する効果があります。

Q 抗菌薬はインフルエンザに効果がありますか？

A インフルエンザウイルスに抗菌薬は効きません。ただ、高齢者や体が弱っている人は、インフルエンザにかかることにより、肺炎球菌などの細菌にも感染しやすくなっています。そのため、細菌による気管支炎、肺炎などの合併症に対する治療として、抗菌薬が使用されることはあります。

拡大防止策キホンのキ

インフルエンザ対策には手指衛生と咳エチケットが基本です。擦り込み式手指消毒薬を使用しましょう。

ノロウイルス感染症（胃腸炎）

病原体 ノロウイルス：Norovirus
感染経路 経口感染、飛沫感染、接触感染
主な症状 吐き気、嘔吐、腹痛、下痢、発熱（38℃以下）

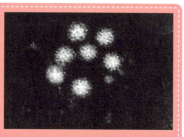

ノロウイルス
写真提供：地方独立行政法人
大阪健康安全基盤研究所

ノロウイルスとは

❶ 特徴

- 冬季の感染性胃腸炎の主要な原因となります。
  ノロウイルスに汚染された貝類（牡蠣などの二枚貝）を、生あるいは十分加熱調理しないで食べた場合に感染します。
- 嘔吐物1g中に100万個、糞便1gの中には1億個のウイルスが含まれます。感染力が強く、少ないウイルス量（10～100個程度）でも発症します。
- 入所者の便や嘔吐物に触れた手指で扱う食品などを介して、二次感染を起こす場合が多いです。
- ノロウイルスは85℃以上・1分間の加熱で感染性はなくなります。ただし、熱に強く、消毒用アルコールは効果が期待できません。

❷ 症状

- 潜伏期は1～2日で、吐き気、嘔吐、腹痛、下痢、発熱（38℃以下）の症状がありますが、風邪のような症状で終わることもあります。
- 健康な成人は3日程度で回復しますが、症状が治まった後も2～3週間は、便の中にウイルスの排泄が続きます。

❸ 感染経路

汚染した食べ物を介した経口感染（食品、水、感染者からの二次感染）、嘔吐物処理時の飛沫・接触感染、汚染された環境面な

● ノロウイルスの感染経路

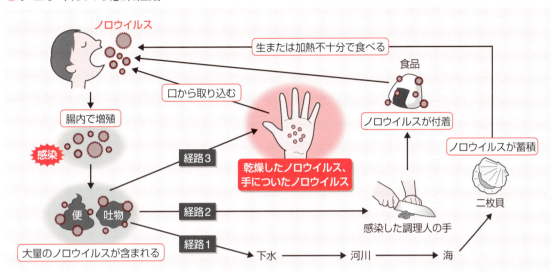

● ノロウイルスの大きさ

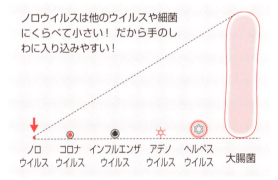

ノロウイルスは他のウイルスや細菌にくらべて小さい！だから手のしわに入り込みやすい！

● トイレ使用時に手がよく触れる場所（高頻度接触面）は清掃の重要箇所！

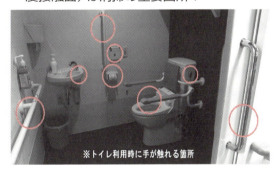

※トイレ利用時に手が触れる箇所

どとの間接的な接触感染などがあります。

介護するときの注意点

- ノロウイルスは、アルコールによる消毒効果が弱いため、擦り込み式手指消毒薬（アルコール製剤）による手指衛生は有効ではなく、流水と液体石けんによる手洗いが重要です。
- 突然の嘔吐で発症することがあるため、高齢者施設などでは、介護スタッフ全員が速やかに対応できるように準備（物品・マニュアル・教育）をし、個人防護具の着脱方法をマスターしておきましょう（34～37ページ参照）。
- トイレ使用時に手がよく触れる場所の清掃、おむつ交換、リネ

ンの取り扱い、入浴、介護者の健康管理などを**下表**にまとめました。

● ノロウイルスへの感染対策

感染対策	方法
手指衛生 （29〜30 ページ参照）	・液体石けんと流水による手洗いが有効です（ノロウイルスは、アルコールによる消毒効果が弱いため、擦り込み式手指消毒薬による手指衛生は有効ではありません）。 ・介護者は、利用者のケアの前後はもちろん、自分自身の食事の前後やトイレの後も、必ず手洗いを行います。 ・利用者や家族にも協力してもらえるよう指導します。
嘔吐への対応 （78〜79 ページ参照）	・突然の嘔吐で発症することがあるため、介護スタッフ全員が速やかに対応できるように、処理できる準備（物品・マニュアル・教育）をしておきます。 ・個人防護具の着脱方法をマスターしておきます（34〜37 ページ参照）。
嘔吐物処理の手順（80〜82 ページ参照）	・介護スタッフは、嘔吐物の処理をする人、嘔吐者に対応する人、その他の利用者に対応する人などに分かれ、嘔吐物に汚染されたゾーン（周囲 2 メートル程度）には、嘔吐物を処理するスタッフのみが入るようにします。
トイレ清掃 （67 ページ参照）	・トイレ使用時における高頻度接触面を重点的に、0.02％次亜塩素酸ナトリウムを用いて消毒を行います。
おむつ交換 （50〜53 ページ参照）	・おむつ交換は、手袋、エプロン、マスクを着用し、1 ケアごとに交換し、手洗いや手指消毒をします。 ・使用後のおむつは、ビニール袋に入れて密封し、決められた場所に破棄します。
リネン交換やその他の寝具等 （64〜65 ページ参照）	・汚染物がついたリネンを取り扱うときには、手袋、エプロン、マスクを着用します。 ・汚染したリネン類の洗浄・消毒を施設内できちんと行うのは難しいので、ビニール袋に密封し、処理業者に委託します。 ・処理業者に依頼できない場合は、汚物を十分に落とした後、0.1％次亜塩素酸ナトリウムに 30 分以上浸すか、85℃・1 分間以上熱湯消毒した後、他のものと分けて洗濯をします。 ・寝具は、スチームアイロンや布団乾燥機などを使用して殺菌します。
施設内の消毒 （70〜72 ページ参照）	・施設内で多くの人の手が触れる場所は、次亜塩素酸ナトリウム液を布やペーパータオルなどにしみ込ませて拭き、さらに乾拭きまたは水拭きをします。
入浴（54〜56 ページ参照）	・下痢などの症状のある人は、最後に入浴してもらいます。 ・使用後は浴室・浴槽の清掃を行い、しっかり乾燥させましょう。
介護者の健康管理 （20〜24 ページ参照）	・感染が疑われるとき、体調が悪いとき、家族に感染者が出たときは報告し、休むなどの対応を取りましょう。 ・下痢や嘔吐の症状がある場合は、食品や食器に触れる作業は行わないようにしましょう。

Q 患者の便や嘔吐物を処理する際に注意することはありますか？

A 11月頃から2月の間に、乳幼児や高齢者の間でノロウイルスによる急性胃腸炎が流行します。特に下痢便や嘔吐物の処理には、手袋、エプロン（ガウン）、マスク、場合によってはゴーグルを着用し、対応後は必ず液体石けんと流水で手洗いを行いましょう。

ノロウイルスは乾燥すると容易に空気中に漂い、これが口に入って感染することがあります。乾燥しないうちに、床に残らないように速やかに処理を行いましょう。

Q 嘔吐物や便が布団などのリネン類に付着した場合には、どのように処理すればよいですか？

A 業者に処理を頼めない場合、リネン類は、付着したウイルスが飛び散らないように汚物を内側にして小さくまとめ、ビニール袋に密封して運びます。洗剤を入れた水の中で静かにもみ洗いをして汚物を落とした後、85℃・1分以上の熱水洗濯か、次亜塩素酸ナトリウムを用いた消毒が必要です。

Q ノロウイルスのまん延を防止する方法は？

A 施設内は、感染症が広がりやすい環境のため、発生したと気づくころには広がっている可能性があります。異常に早く気づくためには、日頃から利用者の健康状態に注意し、症状があればなるべく早く医師の診察が受けられるようにします。高齢者の場合、はっきりとした症状が出ないこともあるため、表情や声の調子など、普段と様子が違う場合は注意が必要です。

ノロウイルスへの感染を疑われる人が発生した場合、施設全体で同じ症状のある人はいないか確認します。また、症状の変化を知る手がかりとして記録に残しておくことで、いつから症状が出始めたのか判断することができます。

また、急な対応の備えとして、物品の準備、マニュアル化、対応のシミュレーションをしておくと効果的です。

 拡大防止策 キホンのキ

ノロウイルスはアルコールの効果が期待できないため、流水と液体石けんによる十分な手洗いが必要です。
消毒は、方法を均一化し、速やかに実施しましょう。

2 細菌による感染症

細菌とは

- 細菌は、その形から球菌・桿菌・らせん菌の3つに分けられます。
- 細菌の構造は、細菌細胞の外側は細胞壁と呼ばれる硬い壁で覆われ、この構造の違いにより、グラム陽性菌とグラム陰性菌*に分けられます。

常在菌と日和見感染症

- 人間の体内には、常在菌とよばれるたくさんの細菌が存在し、外部と接触している、皮膚、口や鼻の中、胃腸などに多く存在します。
- これらは身体に悪影響を与えることはなく、免疫系の発達を促したり、病原菌の侵入を防ぐ役割を担ったりしています。
- しかし療養中などで免疫機能が低下し、抵抗力がなくなると、常在菌による感染症を発症することがあります。これを日和見感染症といいます。
- 細菌性の感染症の治療には、細菌の種類に応じた抗菌薬が使用されますが、なかには抗菌薬が効きにくくなってしまった細菌もあり、これを耐性菌といいます。

> ＊グラム陽性菌とグラム陰性菌
> グラム陽性菌は細胞壁のペプチドグリカン層が厚く、グラム陰性菌は細胞壁のペプチドグリカン層が薄く、さらに外膜を有するという細胞壁の構造の違いがあります。
> グラム染色という細菌検査の一種の手法により、紫色に染まるものをグラム陽性、紫色に染まらず赤く見えるものをグラム陰性と分けます。

体内の主な常在細菌

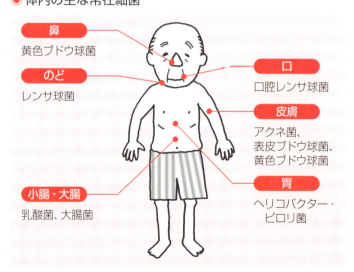

- 鼻：黄色ブドウ球菌
- のど：レンサ球菌
- 口：口腔レンサ球菌
- 皮膚：アクネ菌、表皮ブドウ球菌、黄色ブドウ球菌
- 胃：ヘリコバクター・ピロリ菌
- 小腸・大腸：乳酸菌、大腸菌

結核

|病 原 体| 結核菌：*Mycobacterium tuberculosis*
|感染経路| 空気感染
|主な症状| 咳や痰、微熱、倦怠感、体重減少

結核菌
写真提供：結核研究所抗酸菌部 主任研究員
山田博之先生

結核とは

- 結核は、結核菌が直接の原因となって主に肺に炎症を起こす病気ですが、風邪などのようにすぐに発症する病気ではありません。第二次世界大戦前は「国民病」「不治の病」として恐れられ、日本人の死因の第1位だった結核は、医療や生活水準の向上によって、薬で治る病気となりました。
- しかし、結核がまん延していた頃に若かった現在の高齢者は、結核菌に感染しているが発症はしていない、体の中に菌を持っている状態（保菌状態）で、結核菌が冬眠状態の方が多くいます。
- そして年齢とともに、体力や抵抗力の低下などにより結核菌が冬眠から目を覚まして活動し始め、発症します。

● 冬眠状態の結核菌により発症するケースも多い

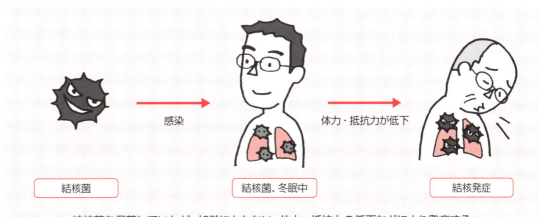

結核菌を保菌していたが、加齢にともない、体力・抵抗力の低下などにより発症する。

介護するときの注意点

- 結核は空気感染予防策が必要です。2〜3週間以上咳や微熱が続いている人、血痰が出ている人、体重が減っている人、食欲不振の人は要注意ですが、高齢者は咳の症状がない場合もあります。日々の健康状態の変化に注意してください。
- また、家族内で過去に結核にかかって治療を受けた人がいる場合も、結核に感染している可能性が高くなります。利用者の日常の健康状態の変化とともに、家族や近親者が結核にかかったことがあるかどうかを知っておきましょう。
- サージカルマスクだけでは結核菌を遮断できません。介護者は外気から結核菌が侵入しないよう、顔にフィットするマスク（N95マスク）を装着します。

● 結核発症を疑う症状

注意する症状
- 咳がない場合もある
- 2〜3週間以上咳や微熱が続いている
- 血痰が出ている
- 体重減少、食欲不振

Q 先日、利用者の方の結核発症がわかりました。家に小さな子どもがいます。うつっていませんか？

A 結核は、感染してもすぐには発症しません。そのため、接触した人が感染したとしてもすぐには発症せず、子どもにもすぐにはうつりません。結核菌は体内で時間をかけて発症します。数カ月から数年、数十年、体の中で冬眠状態のまま存在します。結核菌に感染しても、必ず発症するのではなく、発症せずに一生を終える方も多くいます。規則正しい生活と日頃からの体調管理が重要です。

● 結核に感染したが発病せず、時間がたってから発症する場合もある

Q 結核の人は N95 マスクを着けなくてもいいのですか？

A N95 マスクは、外気から菌が入るのを防ぐ目的で使用されます。マスクの密閉性が高く、健康な人でも装着して長時間たつと、呼吸困難などの症状が出てきます。そのため、結核を発症した人には負担が大きく、長時間の装着はできません。結核を発症した人には、サージカルマスクを装着してもらいましょう。

Q 以前に結核を発症したことのある人がいます。現在は完治していますが、空気感染予防策が必要ですか？

A 発症していなければ、空気感染予防策は必要ありません。しかし、過去に結核を発症し、完治した人でも、再発する可能性もあります。健康状態を観察し、異常があれば早期に医療機関を受診してください。

● N95 マスクの例

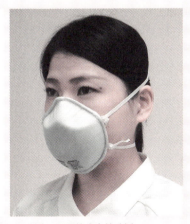

写真提供：ハリヤード・ヘルスケア・インク（左）、興研株式会社（右）

拡大防止策 キホンの キ

結核を発病した人にはサージカルマスク、介護者は N95 マスクを着けましょう。

サージカルマスク

N95 マスク

肺炎球菌感染症

病原体 肺炎球菌：*Streptococcus pneumoniae*
感染経路 飛沫感染
主な症状 咳やくしゃみ、発熱、肺炎、気管支炎など

肺炎球菌による感染症（肺炎、気管支炎など）とは

- 肺炎は日本人の死因第3位で、年間約12万人が亡くなり、そのうち96.8%が65歳以上です（2015年人口動態統計）。
- 肺炎の起因菌として最も多いのが、肺炎球菌です。肺炎球菌はワクチンで予防することが可能です。

肺炎のリスクの高い利用者

65歳以上の人　特に要注意

糖尿病
心疾患
抵抗力が低下している人
呼吸器疾患
脾臓のない人
タバコを吸っている人

食事でむせる人も要注意

- 高齢者のうち、糖尿病や心疾患、呼吸器疾患などの慢性疾患をもつ人や病気の治療中などで抵抗力が低下している人、脾臓を摘出している人、喫煙者などは、特に注意が必要です。
- 主に咳やくしゃみによって飛沫感染します。

● 介護するときの注意点

- 主な症状は咳、発熱、痰など風邪の症状と似ています。標準予防策を徹底し、飛沫感染予防策を追加してください。
- 菌を媒介しないために最も大切なのは、介護者の「適切な手指衛生」です。

● **感染者はマスクを着用**
咳やくしゃみで細菌が2メートル程度飛散するので、感染者にはサージカルマスクを着用してもらう（飛沫感染予防策）

Q 肺炎は、人にはうつらないのでは？

A 肺炎は風邪とは違いますが、症状がよく似ています。咳やくしゃみにより口や鼻から細菌が飛び散って、環境などを汚染します。その汚染されたところに触れた手を中継して、抵抗力の落ちた利用者の体の中に菌が入ると感染してしまいます。65歳以上の人は、特に注意が必要です。

Q 食事のときにむせている人への感染対策は必要ですか？

A むせたものが飛び散って、周囲や他の利用者の方を汚染しないような配慮が大切です。食事の際は、むせている利用者の席を真ん中にせず、端に用意するなどの工夫が必要です。

 拡大防止策 キホンの キ

肺炎も人にうつります。
咳やくしゃみをしていたら要注意！

MRSA（メチシリン耐性黄色ブドウ球菌）感染症

- **病原体** Methicillin-resistant Staphylococcus aureus
- **感染経路** 接触感染
- **主な症状** 咳やくしゃみ、発熱、下痢など

黄色ブドウ球菌
写真提供：ヤクルト本社

MRSAとは

- MRSAは「メチシリン耐性黄色ブドウ球菌」の略です。「メチシリン」というペニシリン系の抗菌薬が効かなくなった「黄色ブドウ球菌」という意味ですが、ペニシリンだけでなく、種々の抗菌薬が効かなくなっています。

- MRSAは1961年に英国で初めて確認され、その後、全世界に広がりました。日本でも1980年初期からまん延し、今では黄色ブドウ球菌の60％がMRSAとなっています。

- 黄色ブドウ球菌は、ヒトや動物の皮膚や鼻腔、消化管などにも常在していることが多く、傷などの化膿、吹き出物や毛嚢炎、肺炎、尿路感染、敗血症、髄膜炎など、さまざまな感染症の原因菌になります。MRSAも、元は黄色ブドウ球菌なので、症状は黄色ブドウ球菌と同じです。

- 健康な人の場合、重症化することはまずなく、病院や高齢者施設など、抵抗力の低下している人が多い場所で注意が必要です。

保菌と感染症

- 「MRSAプラス（陽性）」というときには、「保菌」と「感染症」＊の2つがあります。「感染症」の場合、多くは発熱などの症状を伴い、入院治療の対象となります。

- 一方、「保菌」の場合には、治療の必要はありません。つまり、「病気ではない」ということです。生活の場である介護施設などにおいては、過剰なMRSA対策は利用者の生活の質（QOL）を下げてしまいます。

＊保菌と感染症
3、10〜11ページ参照。

ミニコラム

2016年5月、三重県志摩市で開かれた主要7か国首脳会議（伊勢志摩サミット）のG7首脳宣言で、世界的な課題として「薬剤耐性微生物」の問題に各国が協調して取り組むことが採択されました。MRSAを含む薬剤耐性菌に対しては、皆がその拡大防止に努めなければなりません。

● 介護するときの注意点

標準予防策に加え、接触感染予防策を行う必要があります。

最も大切なのは「適切な手洗い」です。目に見える汚染が無い場合は、擦り込み式手指消毒薬を使用します。MRSAはアルコールがよく効きます。褥瘡（じょくそう）や排泄物などに触れる可能性がある場合は、手袋とエプロンが必要です。

Q MRSAを保菌している利用者の入浴介助は、どのように行えばよいでしょうか？

A 通常通りに行います。過剰な防備はよくありません。入浴介助の後は適切な手洗いを行いましょう。

Q 保菌者の洗濯物は、どのように扱えばよいでしょうか？

A 基本的には、通常の取り扱いでよいです。脱いだ衣類を取り扱った後は、適切な手洗いを行いましょう。汚染がひどい場合には、手袋やエプロンが必要です。

Q 保菌者に感染防止策を行わなかったら、どうなるのでしょう？

A MRSAを保菌しているだけの状態では、特に症状はありませんが、保菌者の免疫機能（細菌と戦う力）が弱ったとき（風邪をひいた、食欲が低下した、など）に「MRSA感染症」を発症します。そして、ひとたび発症すると、抗菌薬があまり効かないため、治療が困難で重症化する危険があります。MRSAが施設の中で広がっても、症状がすぐに出るわけではありませんが、保菌している利用者が増えてしまうことになります。

Q 感染対策は、保菌者だけに行えばよいのでしょうか？

A 高齢者施設の利用者全員に、MRSAの検査がなされているわけではありません。「鼻腔はマイナス、尿はプラス」などのケースも考えられますし、全身くまなく検査することもできません。したがって、日常の業務の中で標準予防策を守り、手洗いや手指消毒、手袋とエプロンの着用を習慣にしていくことが大切です。

標準予防策、特に手指衛生の遵守が重要です。
「いつ・どのように・何を使って」行えばよいか、手洗いの基本を復習しましょう。

いつするの？
どのように？
何を使うの？

レジオネラ症

病原体 レジオネラ属菌：*Legionella*
感染経路 空気感染（エアロゾルによる）
主な症状 肺炎

レジオネラ属菌
写真提供：地方独立行政法人
大阪健康安全基盤研究所

レジオネラ症とは

❶ 特徴
- レジオネラ属の細菌によって起こる感染症です。
- レジオネラは土壌や河川など広く自然界に生息しています。
- 感染源は、入浴設備、給水・給湯設備、空調設備の冷却塔、循環式風呂などです。
- エアロゾル（空気中の微粒子）として吸入することで感染し、適切に管理できていないと集団発生することがあります。
- 近年、加湿器を感染源としたレジオネラ症の報告もあります。水の入れ替えや定期的な内部の清掃が必要です。

❷ 症状
- 肺炎が主徴で、レジオネラ肺炎*とポンティアック熱*（非肺炎型熱性疾患）とに分けられます。

❸ 感染経路
- 汚染水のエアロゾルの吸入により感染します。
- 感染源として報告されたものは、冷却塔、循環式浴槽（24時間風呂、ジャグジーなど）、加湿器の水、給水・給湯水、人工の滝、噴水などが報告されています。
- ヒトからヒトへの感染はありません。

介護するときの注意点

- 標準予防策で対応します。発症した利用者を隔離する必要はあ

＊レジオネラ肺炎
- 全身倦怠感、筋肉痛、発熱で始まり、咳、痰、胸痛が出現。
- 腹痛、下痢の消化器症状がみられることもある。
- レジオネラ肺炎の症状は、他の細菌性肺炎との区別が困難。
- 潜伏期間は2〜12日で、比較的進行が早く、重症化することがある。

＊ポンティアック熱
- 発熱が主症状で、全身倦怠感、悪寒、頭痛などのインフルエンザに似た症状がみられる。
- 肺炎はなし。
- 感染後1〜2日で発症し、1週間程度で自然に治癒。

りません。
- 施設、設備の管理（点検・清掃・消毒）を徹底します。
- 循環式浴槽では、浴槽水をシャワーや打たせ湯などに使用しないようにしましょう。
- 循環式以外の浴槽は、毎日清掃し、1カ月に1回、次亜塩素酸ナトリウムなどの塩素系消毒薬で消毒します。
- 浴槽水は年1回以上の水質検査、配管等の物理的洗浄、消毒が必要です。

Q 冬の乾燥した季節になると、加湿器を使用することがありますが、どんなことに注意したらいいでしょうか？

加湿器はまめに清掃し、乾燥させる

A 加湿器は、常に衛生状態が保たれるように清掃し、乾燥させることが必要です。1日1回は水を取り替え、容器の洗浄も行いましょう。

Q 浴室の清掃をするのですが、スポンジ等の使用で工夫したほうがいいことはありますか？

A 浴槽・風呂用品・スポンジなどにぬめりがある、ピンク色をしている、異臭がある場合は、微生物が繁殖している証拠です。使用ごとに洗浄を行いましょう。洗浄用のスポンジは、洗浄してしっかり乾燥させ、定期的に新しいものと交換しましょう。

Q 介護施設における浴室の清掃方法はどのようにすればいいですか？

A 入浴は高齢者の楽しみでもあり、衛生管理は大切です。浴槽は、1人入浴するごとに洗浄し、お湯を交換しましょう。また、大浴場の場合は、浴槽に入る前に体をよく洗い流してから入ってもらいましょう。

Q 湯上りマットの共用は問題ないでしょうか？

A ジメジメした湯上りマットを介して、水虫（足白癬）がうつることもあります。こまめにマットを交換しましょう。利用者に各自で準備してもらってもよいでしょう。

拡大防止策 キホンの キ

湿潤環境においては、清掃・消毒・乾燥が大切です。

クロストリジウム-ディフィシル感染症（CDI）

病原体 クロストリジウム・ディフィシル
Clostridium difficile：CD

感染経路 接触感染

主な症状 水様性下痢、発熱、食欲不振、吐き気、腹痛

クロストリジウム-ディフィシル
写真協力：ヤクルト本社

クロストリジウム-ディフィシル感染症とは

- クロストリジウム・ディフィシル（以下、CD）は、健康なヒトの糞便からも検出される細菌です。しかし、抗菌薬（抗生物質）を服用していると腸の中にいる善玉菌も殺してしまうため、腸内細菌のバランスが崩れ、CDが腸内で異常増殖することで、クロストリジウム-ディフィシル感染症（以後、CDI）を発症することがあります。高齢者は免疫機能の低下により感染しやすく、病院や高齢者施設などで集団発生の報告もあり、注意が必要です。

- この菌が問題となるのは、毒素を産生する下痢を引き起こすことです。偽膜性大腸炎*が重症化し、腸壁に穴があく「腸管穿孔」で死亡に至ることもあります。抗菌薬の治療歴のない人、入院歴のない人、重篤な基礎疾患のない人などもCDIを発症する場合があります。

原因不明の下痢に注意！

＊偽膜性大腸炎

大腸の壁に小さい円形の膜（偽膜）が見られる感染性大腸炎。ほとんどがクロストリジウム-ディフィシルによるもので、菌の産生する毒素により、粘膜が傷害されて起こる。主な症状は下痢。

特に注意する症状

原因不明の下痢はCDIを疑って対策を！

発熱
吐き気
腹痛
食欲不振

- CDI の診断には毒素を判定する迅速検査をしますが、検査結果上は「陰性」であっても発症している場合があるため、検査結果だけでなく、下痢、粘性のある便、吐き気、発熱などの症状があれば、「CDI かもしれない」ということを念頭に置いて接触感染予防策を行うことが必要です。

CDの特徴

- この菌は芽胞と呼ばれるバリアを菌の周りにつくる特徴があります。芽胞が形成されると、消毒や熱、乾燥に強く、じっと耐えて生き残り、環境表面では数カ月間にわたり生き続けることができます。そのため、介護者がおむつ交換やトイレ誘導などで汚染された手で環境表面を触り、別の人が知らずにそれらに触れ、手指を介して次々と感染が広がる場合があります。
- この菌はアルコールが効かないので、手指衛生は液体石けんと流水での手洗いとし、次亜塩素酸ナトリウム 0.1〜0.5％（1000〜5000 ppm）を使用した清掃が重要となります。

介護する時の注意点

- 介護者は、ケアのために部屋に入る前に、接触感染予防策が必要となります。ガウンまたはエプロン、手袋を着用し、退室時には室内で脱衣して破棄し、手指衛生は液体石けんと流水での手洗いをしっかりと行うことが大切です。
- 面会者は、排泄介助などをしない場合には、個人防護具の装着は不要ですが、部屋を出るときには必ず、液体石けんと流水での手洗いを行ってもらいましょう。CDI と診断された場合は、管理がしやすいため個室に隔離する方がよいでしょう。
- 下痢の症状がある利用者については、トイレはなるべく他の人との共用を避け、専用とします。下痢の症状がなくなってからも、数日間は便の中に菌が排出されることがあるので、症状が消失しても注意が必要です。

しっかり手洗いするニャ！

Q CDIが疑われるとき、周囲の環境を消毒するにはどうしたらよいですか？

A アルコールは効果がないので次亜塩素酸ナトリウムで消毒します。次亜塩素酸ナトリウムは金属製品などをサビさせるので、消毒した後に水拭きか乾拭きをしてください。

Q 原因不明の下痢が続いていたのでCDIの検査をしてもらいましたが、結果は「陰性」といわれました。トイレの使用後、特に何もしなくてもいいですか？

A 検査は陰性であっても、CDI陽性の場合があります。下痢があったら「もしかしたらCDIかもしれない」と考え、検査結果を待たずに接触感染予防策を行うことが重要です。下痢のない人たちが使用するトイレは別にしてください。

Q CDIであった場合、洗濯物は家族と別にした方がよいですか？

A 健康な人にはうつる可能性が低いので、通常の処理で大丈夫です。便が多くついている場合は、十分に汚れを落としてから洗濯することをおすすめします。

原因不明の下痢をしている人がいたら、検査をしなくても接触感染予防策を行いましょう。
アルコール消毒は効果なし。手洗いは、流水と液体石けんで行いましょう。

緑膿菌感染症

- **病原体** 緑膿菌：*Pseudomonas aeruginosa*
- **感染経路** 接触感染
- **主な症状** 緑色の膿、感染した部位により尿路感染症、敗血症など

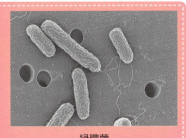
緑膿菌
写真協力：ヤクルト本社

● 緑膿菌と緑膿菌感染症

- 緑膿菌は土の中や水の中、植物など、多くの自然環境に生息する微生物の一つです。湿った場所（湿潤環境：お風呂場や台所、洗面所など）を好みます。発育に多くの栄養分を必要としないため（栄養要求性が低い）、増殖しやすい細菌です。たとえば花びんの水で増殖することもあります。
- 緑膿菌が傷口に感染した場合、緑色の膿が見られることから、この名前が付きました。独特の臭気があります。
- 緑膿菌は消毒薬や多くの抗菌薬が効きにくい細菌の一つです。さらに、水まわりではバイオフィルム（排水口のドロドロしたもの）を形成し増殖します。そのため、水まわりは清掃し、乾燥させることが重要です。
- 緑膿菌が健康な人の体内に侵入しても、感染症を発症すること

● 緑膿菌感染症のリスクの高い利用者

65歳以上の人　特に要注意

- 糖尿病
- 血液疾患
- 抵抗力が低下している人
- 大量の抗菌薬を使用している人
- 常にカテーテルが入っている人
- 寝たきり状態の人

はほとんどありませんが、高齢者や免疫力の低下した人たちは発症し、重症化する場合があります。これを日和見感染といい、介護施設では問題となる菌です。
- 褥瘡ややけど、尿道カテーテルを挿入している人の排泄ケアなどの際は特に注意が必要です。

● 介護する時の注意点

- 標準予防策を守ることが基本です。緑膿菌は手を介して伝播します。「適切な手洗い」が重要です。利用者に接する前の手指衛生は必ず守りましょう。
- 湿った環境（湿潤環境）を好む菌です。逆に乾燥した環境では増えないので、水まわりのこまめな清掃と乾燥が大切です。

● 多剤耐性緑膿菌

　緑膿菌はもともと抗菌薬や消毒薬が効きにくい細菌ですが、近年、今まで効果があった抗菌薬も効かなくなってしまった緑膿菌の報告が増えています。これが多剤耐性緑膿菌（multi-drug resistant *Pseudomonas aeruginosa*：MDRP）です。

　多剤耐性緑膿菌が体内に侵入して感染症を発症した場合、治療が難しく、生命の危険もあります。通常の緑膿菌と同様、健康な人に対して感染症を引き起こすことはまれですが、高齢者や免疫力の低い人は厳重な注意が必要です。高齢者施設は、多剤耐性緑膿菌が「持ち込まれる」可能性があります。多剤耐性緑膿菌を保菌している人が入所した場合は、標準予防策だけでなく接触感染予防策が必要です。可能な限り個室管理がよいでしょう。もしできなければ、スタッフ全員に周知しておく必要があります。

　利用者に直接触れる場合は手袋を装着し、おむつ交換や吸引の際に使用した個人防護具は、必ずその場で正しくはずして廃棄しましょう。また、ケアに使用する物品はその人専用にし、専用にできない場合は、そのつど消毒が必要です（38〜41ページ参照）。さらに、その利用者周辺の「手がよく触れるところ」（ドアノブ、リモコン、ベッド柵、電気のスイッチなど）は、アルコールや次亜塩素酸ナトリウムを浸み込ませたクロスで1日に数回、清拭消毒をしましょう。居室に洗面台がある場合は、水まわりで緑膿

菌が増殖している可能性があるため、手袋とエプロンを装着して清掃を忘れないようにしましょう。

Q 緑膿菌はどんな消毒薬を使ったらいいですか？

A 緑膿菌は自然にいる菌なので、完全になくすことはできません。水まわりを中心に環境を清潔にし、必要時はアルコールや次亜塩素酸ナトリウムで消毒します。

Q 緑膿菌は人にうつるのですか？

A 緑膿菌は環境にいる菌なので、人の手を介して体内に侵入します。健康な人は自分の抵抗力で緑膿菌に勝つことができるので、感染・発症しませんが、抵抗力が低下した人は緑膿菌の感染により重症化します。したがって、環境は常に清潔に保ち、抵抗力の落ちている利用者やカテーテルを触るようなケアのときは、必ずケアの前後に手洗いを行うようにしてください。

Q 利用者が耐性菌を保菌している場合は、特別な清掃、消毒をしたらいいですか？

A 多剤耐性緑膿菌の場合は定期的に清掃を行います（清掃の頻度を上げます）。その利用者周辺の「手がよく触れるところ」は清掃し、アルコールや次亜塩素酸ナトリウムなどで消毒する必要があります。水まわりはしっかり清掃し、乾燥させましょう。

Q 耐性菌を持っている人は、他の人と部屋を別にしたほうがいいですか？

A 緑膿菌が検出された利用者に対しては、特に標準予防策を守ることが重要で、手指衛生は徹底する必要があります。しかし、緑膿菌は多剤耐性菌へと変化する場合があります。多剤耐性緑膿菌が検出された場合は、個室の方が管理しやすいでしょう。

拡大防止策 キホンの キ

手のよく触れるところや、水まわりを清潔にしましょう。
標準予防策を徹底し、流水と液体石けんでの手洗いを！

3 真菌による感染症

● 真菌とは

- 真菌は「糸状菌、酵母、キノコの総称」です。日常生活において、「真菌」と「カビ」は同じような意味で用いられていますが、「真菌」と「カビ」は同じものではなく、カビは「菌類のうち、キノコができない糸状菌」であり、真菌の一部に分類されます。
- 真菌のほとんどは、土や水などの自然環境中に広く生息しています。味噌、醤油、パン、日本酒、チーズなどは、真菌の発酵を利用して作り出された食べ物であり、真菌は「よいことをする微生物」の側面もあります。
- 一方、真菌による健康への悪い影響もあります。空気中に浮遊している真菌をアレルゲンとする鼻炎や気管支喘息などのアレルギー疾患、白癬やカンジダなどの表在性皮膚真菌症（皮膚の表面に真菌が存在）、また、抵抗力が低下した人や高齢者に重い感染症を引き起こす深在性真菌症（日和見感染症）があります。

● 真菌が原因となるおもな感染症

表在性皮膚真菌症	白癬（手・足・体部/爪/頭部）、皮膚粘膜カンジダ症、癜風
深在性真菌症	カンジダ血症、肺クリプトコックス症、肺アスペルギルス症、ニューモシスチス肺炎

白癬（はくせん）

病原菌 白癬菌：*Trichophyton*
感染経路 接触感染、環境からの感染
主な症状 かゆみ、水疱（水ぶくれ）など

● 白癬とは

❶ 特徴・症状

- 白癬は、真菌のなかの皮膚糸状菌（白癬菌）によって起こる感染症です。顕微鏡で100倍くらいに拡大すると、糸状に見えることから糸状菌といわれます。
- 白癬菌はケラチンというたんぱく質を栄養源に生きているため、ケラチンが多く存在する場所、すなわち、皮膚の表面の角質層で増殖します。また、毛髪や爪は角質層が変化したものなので、毛髪や爪にも白癬菌は感染します。
- 発生頻度が最も高いのは「足白癬」（いわゆる「水虫」）です。その他、股にできるのは「股部白癬」（俗に「いんきんたむし」）、髪の毛に白癬菌が感染したものは「頭部白癬」（俗に「しらくも」）、爪に感染したものは「爪白癬」、手に感染したものは「手白癬」です。股以外の体にできる白癬は「体部白癬」と呼ばれ、俗に「ぜにたむし」とも呼ばれます。

❷ 感染経路

- 人肌程度の温度と湿った環境を好み、シンクや浴室などの水まわりの環境や浴室の足ふきマット、スリッパなどで増殖します。

● 介護するときの注意点

- シンクや浴室などの水まわりの環境は、洗剤で洗浄した後、よく乾燥させることが重要です。浴室の足ふきマットの共用は避け、こまめに交換し、湿ったままにしないようにしましょう。

● 白癬の発症頻度の高い身体の部分

頭部白癬（しらくも）
体部白癬（たむし）
陰部白癬（いんきんたむし）
足白癬（足の水虫）
手白癬（手の水虫）
爪白癬（爪水虫）

- また、白癬の人のケア、特に患部に触れるケアをする場合は、標準予防策に従ってケアを行う必要があります。
- 皮膚に白癬菌が付着しても、ケア後に十分な手洗いを行えば感染はしません。白癬菌が角質層に入るまで24時間以上かかるといわれています。

Q 爪白癬の利用者の爪切りをするときに注意することはありますか？

A まず、介護職は法律上、"トラブルがない爪"でないと切ってはいけないことになっています。爪白癬の利用者の爪切りは、医療職の業務です。その場合も、素手での爪切りは避け、手袋を着用し、手袋をはずした後は流水と液体石けんで手洗いをします。使用した爪切りは洗剤で洗って乾燥させ、アルコール綿で消毒します。

Q 白癬の利用者の洗濯物はどのように扱えばよいでしょうか？

A 通常通りの洗濯を行います。通常の洗濯で白癬菌を含んだ垢は洗い流され、白癬菌は死んでしまいますので、洗濯機の中で白癬菌がうつる心配はありません。

Q 白癬の利用者の入浴介助を素手で行ってしまいましたが、大丈夫でしょうか？

A 皮膚に白癬菌が付着しても、ケア後に十分な手洗いを行えば感染はしません。白癬菌が角質層に入るまで24時間以上かかるといわれています。1日1回入浴して清潔を保っていれば、容易に感染するものではありません。

Q 足白癬（水虫）を防ぐためには何に気をつけたらよいですか？

A 日頃から足を清潔にし、湿った状況にしないことが大切です。可能であれば毎日入浴し、患部を石けんで洗います。入浴後は、よく足を拭いてから靴下を履くようにしましょう。靴下や靴はできるだけ通気性のよいものを選ぶとよいでしょう。

拡大防止策 キホンのキ

湿った環境を好む微生物は複数存在します。シンクの周辺や浴室などの水まわりは、使用後は清掃し、乾燥させておくことが重要です。

水まわりは清掃後、乾燥させることが重要！

4 寄生虫による感染症

寄生虫とは

- ヒトの寄生虫は、ヒトの体表または体内に生息して、その個体（宿主）から栄養を摂取する微生物です。
- どこに寄生するかで大きく2つに分けることができ、宿主の体の体表や表層に寄生するものを外部寄生虫、宿主の体の中に寄生するものを内部寄生虫といいます。内部寄生虫は、さらに原虫、蠕虫（ぜんちゅう）に分類されます。
- 原虫は顕微鏡でしか見えない単細胞の寄生虫で、飲料水や食物を介して口から人体に侵入し消化管に寄生するもの（赤痢アメーバなど）、特定の吸血昆虫やマダニの腸管で増殖し、これらを媒介者として血液や組織に寄生するもの（マラリア原虫など）、泌尿生殖器に寄生するもの（トリコモナス）などがあります。
- 蠕虫は多細胞の寄生虫（いわゆる"ムシ"）で、さらに線虫、吸虫、条虫などに分類され、アニサキス症、糞線虫症、エキノコックス症などを引き起こします。
- 高齢者施設などで感染拡大が問題となる外部寄生虫には、ノミ、ダニ、シラミなどがあります。

● 寄生虫の分類と主な感染症

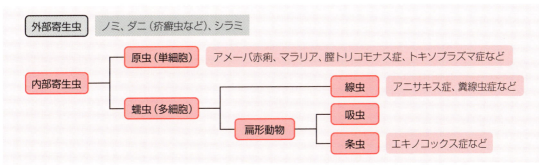

疥癬（かいせん）

病原体 ヒゼンダニ（疥癬虫）
感染経路 接触感染
主な症状 小丘疹、結節（しこり）、疥癬トンネルなど

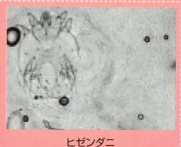

ヒゼンダニ
出典：国立感染症研究所ホームページ
https://www.niid.go.jp/niid/ja/JJID/58/380.html

> **＊ヒゼンダニ**
> - 体長0.4mm以下で半透明、肉眼でほとんど見えない。
> - 人を刺さない、吸血しない。
> - 乾燥に弱い。
> - 皮膚から離れると2〜3時間程で死滅。
> - ヒトの体温より低い温度では動きが鈍い（16℃以下ではほとんど動かない）。

● 疥癬とは

❶ 特徴と症状

- 疥癬とはヒゼンダニ（別名、疥癬虫）＊が皮膚の角質層に寄生して起こる皮膚感染症です。
- 主な症状として、体や手足にかゆみを伴う赤い小丘疹や結節（しこり）ができたり、手のひらや指の間に疥癬トンネルが見られたりします。
- 疥癬には、一般的にみられる「通常疥癬」と「角化型疥癬」（重症の疥癬。ノルウェー疥癬とも呼ばれる）の2種類があります。両者は寄生しているダニの数が桁違いに異なるため、感染力に大きな違いがあり、必要な感染対策も異なります。

《通常疥癬》

- 主な症状は、激しいかゆみを伴う小さく赤いブツブツ（小丘疹）やしこり（結節）、ヒゼンダニが皮膚にあける穴（疥癬トンネルと呼ばれる）です。赤いブツブツは頭部を除く全身にみられ、疥癬トンネルはおもに手のひら、指の間や指の側面などにみられます。かゆみや発疹は、虫体、糞、脱皮殻などに対するアレルギー反応です。

《角化型疥癬》

- 主な症状は、灰色や黄白色でざらざらとした厚い牡蠣の殻のような垢が手、足、肘や膝などにみられます。かゆみの程度はさまざまで、かゆみがまったくない場合もあります。

❷ 感染経路

- ヒトからヒトへの接触、落屑が付着した衣類やリネンなど身の

4 寄生虫による感染症

● 疥癬の症状

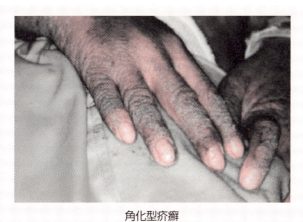

角化型疥癬

出典：国立感染症研究所ホームページ https://www.niid.go.jp/niid/ja/JJID/58/380.html

まわりの物品との接触から感染します（接触感染）。

● 介護するときの注意点

- 通常疥癬と角化型疥癬では日常ケアの対応が異なります。
- 通常疥癬の場合、ヒトから離れたヒゼンダニは短時間で感染力を失うので、長時間の皮膚の接触を避ければ感染の心配はなく、

● 通常疥癬と角化型疥癬の違い

	通常疥癬 （一般的にみられる疥癬）	角化型疥癬 （ノルウェー疥癬）
ヒゼンダニの数	数十匹以上	100万〜200万
利用者の免疫力 （病気に対する抵抗力）	正常	低下している
感染力（他人へうつす力）	弱い	強い
主な症状	赤いブツブツやしこり、疥癬トンネル	皮膚の垢が増えたような状態（角質の増殖）
かゆみの程度	強い	程度はさまざま 出ない場合もある
症状が出る部位	顔や頭を除いた全身	全身
診断に必要な検査	皮膚科医による疥癬虫の確認	
主な治療	イベルメクチン（ストロメクトール®）の内服 スミスリン®ローション、オイラックス®クリーム10％の外用	

隔離の必要はありません。
- 角化型疥癬の場合は、ヒゼンダニの数が著しく多いため、感染のリスクが特に高くなります。利用者が使用した寝具、衣類等にもダニが多量に存在するため、取り扱う際には厳重な防護が必要となります。

Q 疥癬には潜伏期がありますか？

A 疥癬に感染した利用者と接触し、感染が成立してから約1カ月程度、無症状の潜伏期があります。高齢者では数カ月になることもあります。潜伏期間にはダニがいても少数なので、感染力はないと考えられています。ただ、角化型疥癬の場合は4〜5日で発症することもあります。角化型疥癬では一度に多数のヒゼンダニが感染し、増殖に必要な期間が短縮されるため発症が早くなります。

Q イベルメクチン（ストロメクトール®）による治療が終わっても発疹が治ってないのですが、個室への隔離を解除してもよいのでしょうか？

A 治療を開始するとヒゼンダニの数は急速に減少し、感染の可能性はかなり低くなります。皮膚科医により疥癬虫の消失が確認されれば、発疹が続いていても隔離の必要はありません。発疹はアレルギー反応であり、内服治療が終わった後も数日〜数カ月続く場合があります。症状が続く場合は皮膚科医に相談しましょう。

Q 疥癬の利用者はフロアでの食事や、レクリエーションに参加しない方がよいですか？

A 通常疥癬であれば、長時間手をつないだり、身体を寄せ合ったりするようなことがなければ、フロアでの行事に参加しても問題ありません。

Q スタッフが疥癬に感染しました。勤務はどのようにすればよいですか？

A 疥癬と診断され、治療が開始されれば数日でヒゼンダニは死滅し、周囲に感染を広げる可能性は低くなります。皮膚科医と相談しながら通常業務を再開しましょう。

 拡大防止策キホンのキ

まずは通常疥癬と角化型疥癬の感染対策の違いを理解することが重要です。
冷静な対応を心がけましょう。

● 通常疥癬と角化型疥癬の感染対策の違い

処置	通常疥癬	角化型疥癬
個室隔離	必要ありません。	必要。 治療開始後1〜2週間、個室に隔離。 利用者はベッド・寝具ごと移動します。
必要な防護具	手袋・使い捨てのエプロン（袖なしで可）を着用します。	手袋とガウンを着用し、皮膚が直接触れないようにします。 使用後のガウンと手袋は、はがれ落ちた皮膚が飛び散らないようにポリ袋等に入れます。
手洗い	流水と液体石けんでの手洗いを行います。	
衣類の交換	普段通りの頻度で行います。	治療中はできるだけ毎日、肌着や寝衣を着替えます。
シーツの交換	普段通りの頻度で行います。	治療中はできるだけこまめに交換します。
布団の消毒	必要ありません。	隔離を解除する時・退室する時に1回だけ熱乾燥、またはピレスロイド系殺虫剤*を散布します。
洗濯物の取り扱い	ポリ袋に密封します。	
洗濯	普段通りの洗濯を行います。	50℃のお湯に10分浸けた後に通常通り洗濯機で洗うか、通常通り洗濯した後に乾燥機を使用します。
入浴	特別な対応は不要です。 ただし、長時間皮膚と皮膚が直接触れることが予測される場合は、手袋とガウンを着用します。	入浴は最後に行います。 介助が必要な際は、必ず手袋とガウンを着用します。 入浴後は浴室を熱い湯で洗い流し、脱衣所は、はがれた皮膚が落ちている可能性があるため、掃除機をかけます。 浴室のタオルや足ふきマットは専用にします。
掃除	普段通りの掃除を行います。	モップ・粘着シートなどではがれ落ちた皮膚を回収、掃除機で清掃します。
トイレ・車いすなどの専用化	必要ありません。	専用にします。 隔離を解除するときに掃除機をかけるかピレスロイド系殺虫剤を散布します。

（日本皮膚科学会『疥癬診療ガイドライン』第3版をもとに作成）

📖 ＊ピレスロイド系殺虫剤

一般に市販されている、蚊・ハエ・ゴキブリ等の駆除のためのスプレー式などの殺虫剤。虫への殺虫効果は高く、人体への毒性は少ないとされる。

コラム⑥ 予防接種（ワクチン）について

　高齢者施設の職員は、外部との接触の機会も多く、病原体を施設内に持ち込む可能性があります。病原体の媒介者にならないようにすることが重要です。特に、毎年流行するインフルエンザに対しては、施設職員だけでなく、利用者や家族にも予防接種を受けてもらいましょう。

　予防接種にあたっては、予防接種の意義、有効性、副反応の可能性を十分説明し、同意を得ることが大切です。

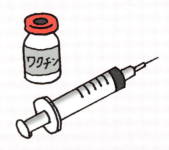

● ワクチンによる感染予防

種類	施設職員の接種についての注意
インフルエンザワクチン	毎年必ず接種しましょう。
B型肝炎ワクチン	施設に入職する際に接種しましょう。
麻疹ワクチン 風疹ワクチン 水痘ワクチン 流行性耳下腺炎ワクチン	これまでかかったことがなく、予防接種も受けていない場合は、施設に入職する際に摂取しましょう。 また、感染歴やワクチン接種歴があっても、抗体検査の状況を確認しておくとよいでしょう。

さくいん

英数字

5S　42
CD（CDI）　106-108
MDRP　110
MRSA　14, 24, 56, 72, 102, 103
N95マスク　13, 24, 31, 98, 99
O157　14, 24

あ行

アウトブレイク　3
アメリカ疾病予防管理センター（CDC）　16
アルコール製剤　18, 26, 73, 75, 76, 80, 93
一般媒介物感染　12
イベルメクチン　117, 118
いんきんたむし　113
陰部洗浄ボトル　38, 40, 52, 53
インフルエンザ　14, 15, 19, 24, 89-91, 120
インフルエンザワクチン　21, 91, 120
ウイルス　10, 26, 58, 88
エアロゾル　104
液体石けん　12, 18, 23, 26-29, 56, 69, 93-95, 107, 108, 111, 114, 119
エプロン　15, 18, 31, 32, 34, 36-39, 45, 48, 50-53, 69, 75, 79, 94, 95, 103, 107, 111, 119
黄色ブドウ球菌　96, 102
嘔吐物　26, 31, 32, 58, 59, 65, 69, 75, 78-82, 92, 94, 95
オフロケーション方式　74, 75
おむつ交換　10, 14, 18, 50-52, 93, 94, 107, 110
オンロケーション方式　74, 75

か行

ガーグルベースン　38, 40
疥癬　24, 54, 68, 116-119
疥癬虫　116-118
疥癬トンネル　116, 117
ガウン　15, 18, 24, 31, 79, 80, 82, 95, 107, 119
角化型疥癬　116-119
隔離　13, 19, 24, 90, 104, 118
加湿器　104, 105
風邪　14, 21, 101, 103
換気　66, 69, 75, 81, 82
換気扇　69
環境対策　18, 19
間接感染　14
感染　10, 11, 91
感染経路　12, 13, 15, 24
感染経路別予防策　17, 24, 76
感染症の徴候　20
感染性胃腸炎　14, 67, 75, 92
感染の成立　11, 12
乾燥機　38, 39, 46, 49, 53, 94, 119
義歯　38, 49
偽膜性大腸炎　106
空気感染（予防策）　12, 13, 15, 17, 24, 76, 98, 99
くしゃみ　14, 15, 19, 20, 89, 101
グラム陰性菌　96
グラム陽性菌　96
クロストリジウム-ディフィシル　14, 72, 106, 107
経口感染　92
血液　16, 18, 19, 31, 56, 65, 75, 76, 83-86
結核　13, 15, 24, 97-99
下痢　15, 20, 75, 92, 94, 102, 104, 106-108
抗菌薬　88, 91, 96, 102, 103, 109, 110
高頻度接触面　94
ゴーグル　18, 31, 32, 35, 36, 38, 39, 47, 48, 79, 86, 95
呼吸器衛生　18, 19
個室管理　14, 15

個人防護具　16, 18, 31-33, 44, 48, 50-53, 55, 58, 61, 64, 78-83, 86, 93, 94, 110
昆虫媒介感染　12

さ行

サージカルマスク　13-15, 24, 31, 32, 90, 98, 99, 101
細菌　10, 26, 47, 66, 88, 91, 96, 101, 103, 114
残留塩素濃度　68
次亜塩素酸ナトリウム　40, 41, 69, 72, 75, 82, 94, 95, 105, 107, 108, 110, 111
湿潤環境　66, 69, 105, 109, 110
湿性生体物質　31
手指衛生　14, 18, 19, 24, 26-30, 44, 47-49, 51, 53, 58, 60, 61, 63-65, 82, 91, 94, 101, 103, 107, 110, 111
手指消毒　12, 13, 26-28, 30, 31, 45, 94, 103
循環型浴槽　68
小丘疹　116
常在菌　96
消毒　13, 15, 19, 38-41, 66, 68-70, 72, 75, 80, 94, 95, 105, 107, 108, 111, 114, 119
消毒液　48, 49, 53
食器　40, 46, 94
しらくも　113
シンク　27, 28, 40, 46, 113, 114
深在性真菌症　112
浸漬（時間）　39, 40, 41
スタンダード・プリコーション　16, 26, 31
ストロメクトール®　117, 118
スポンジ　38, 39, 105
擦り込み式手指消毒薬　12, 13, 18, 27, 28, 30, 33, 91, 93, 94, 103
清掃　19, 24, 27, 28, 42, 66-76, 90, 94, 105, 107, 110, 111, 114
咳　13, 14, 19, 20, 48
咳エチケット　18, 19, 90
接触感染（予防策）　12, 14, 15, 17, 21, 24, 89, 92, 93, 107, 110, 117
接触時間　41
ぜにたむし　113

洗浄　15, 19, 28, 38-41, 46, 48, 49, 65, 68, 70, 74, 76
洗濯　63, 65, 94, 108, 114, 119
潜伏期間　3, 17, 104, 118
洗面台　66, 67, 110
雑巾　73-76
ゾーニング　72
損傷した皮膚　16, 26, 31

た行

体液　16, 18, 19, 26, 31, 56, 83-86
耐性菌　3, 56, 96, 111
タオル　19, 28, 54-56, 62, 90, 119
多剤耐性菌（感染症）　14, 72, 111
多剤耐性緑膿菌　110-111
痰　44, 47, 48, 56, 58, 90, 101, 104
チューブ　60, 61
腸管穿孔　106
直接感染　14, 21
通常疥癬　116-119
爪切り　114
手洗い　10, 13, 14, 16, 18, 20, 22, 26, 28, 29, 44, 45, 56, 69, 72, 90, 93-95, 103, 107, 108, 110, 111, 114, 119
ディスポクロス　75, 80
手すり　14, 62, 67, 72
手袋　15, 16, 18, 19, 24, 31-33, 35-39, 47-56, 58-61, 69, 75, 76, 78-84, 86, 90, 94, 95, 103, 107, 110, 111, 114, 119
点眼薬　60, 61
ドアノブ　14, 67, 72, 90, 110
トイレ　66, 67, 76, 93, 94, 107, 108, 119

な行

軟膏つぼ　60
尿器　38, 40
塗り薬　60, 61
粘膜　15, 16, 21, 55, 60, 89
濃度　41, 53, 82
ノルウェー疥癬　116, 117
ノロウイルス（感染症）　10, 14, 15, 21, 24, 67, 69, 72, 75, 92-95

は行

肺炎　21, 89, 91, 100, 101, 104
肺炎球菌（感染症）　91, 100
肺炎球菌ワクチン　89
バイオフィルム　109
排泄物　16, 18, 26, 31, 32, 55, 58, 65, 67, 69, 75, 76, 78-80, 103
白癬（菌）　112-114
歯ブラシ　19, 38, 40, 49, 85
ひげ剃り　84, 85
微生物　11, 26, 28, 31, 40, 46, 49, 51, 53, 60, 64-66, 69, 70, 72, 105, 109, 112, 115
ヒゼンダニ　54, 116-118
飛沫　12-14, 31, 32, 89
飛沫核　13
飛沫感染（予防策）　12-15, 17, 24, 76, 89, 92, 100, 101
病原体　10-14, 17-19, 21, 76, 120
表在性皮膚真菌症　112
標準予防策　16-19, 26, 31, 56, 58, 60, 64, 76, 90, 101, 103, 104, 110, 111
日和見感染（症）　10, 96, 110, 112
風疹　14, 21, 24, 120
フェイスシールド　18, 31, 32, 79, 80
フラッシャーディスインフェクター　40
ペーパータオル　12, 27-29, 69, 80-82, 94
ベッド柵　50, 70-72, 110
ベットパンウォッシャー　40
便器　38, 40, 67
ポータブルトイレ　40
保菌（者）　3, 72, 97, 102, 103, 110, 111
ポンティアック熱　104

ま行

マイコプラズマ肺炎　14, 24
マスク　18, 19, 31-34, 37, 38, 44, 45, 47-52, 56, 63, 64, 69, 75, 76, 79, 84, 86, 90, 94, 95, 101
マット（湯上り—）　68, 105, 113, 119
マニキュア　28
水まわり　46, 66, 109-111, 113, 114
水虫　105, 113, 114
免疫力　10, 20, 110, 117
モップ　73-76, 119

や行

薬剤耐性菌　3, 102
床（の清掃）　58, 64-66, 68, 72-75, 95
浴室　66, 68, 69, 94, 105, 113, 114, 119

ら行

ランドリーバッグ　59, 64, 65
ランドリーボックス　58, 59
リネン　16, 18, 19, 59, 62-65, 84, 94, 95, 116
緑膿菌（感染症）　109-111
レジオネラ（症）　68, 104
レジオネラ肺炎　104
ロタウイルス胃腸炎　14

わ行

ワクチン　19, 21, 88-91, 100, 120

● 編著者プロフィール

大西 尚子（おおにし・しょうこ）

社会医療法人美杉会 男山病院 看護部 副看護部長
感染管理認定看護師

1983年	関西医科大学附属病院に入職
1990年	社会医療法人美杉会 佐藤病院に入職
2006年	日本看護協会 感染管理認定看護師 取得
2013年	社会医療法人美杉会 男山病院に異動、現在に至る

日本感染管理ベストプラクティス"Saizen"研究会アドバイザー、社会医療法人美杉会グループの高齢者施設・訪問介護での感染対策指導などに従事

吉田 理香（よしだ・りか）

東京医療保健大学大学院 医療保健学研究科 感染制御学 教授
博士（感染制御学）、感染管理認定看護師

1988年	近畿大学医学部附属病院に入職
2006年	日本看護協会 感染管理認定看護師 取得
2013年	東京医療保健大学大学院 医療保健学研究科 感染制御学 博士課程修了、同年より准教授、2017年より教授、現在に至る

日本感染管理ベストプラクティス"Saizen"研究会アドバイザー、日本環境感染学会評議員、日本医療福祉設備学会規格・指針委員ほか学会活動などに従事

もっと介護力！シリーズ
なぜ？がわかる高齢者ケアの感染対策 ○と×
—その「あたりまえ」が危ない！

2017年9月10日発行 第1版第1刷 ©
2020年4月10日発行 第1版第2刷

編　著	大西 尚子／吉田 理香
発行者	長谷川 素美
発行所	株式会社メディカ出版 〒532-8588 大阪市淀川区宮原3-4-30 ニッセイ新大阪ビル16F http://www.medica.co.jp/
編集担当	高野有子
編集協力	安東瑠美子
装　幀	臼井弘志
本文イラスト	はんざわのりこ
印刷・製本	株式会社シナノ パブリッシング プレス

本書の複製権・翻訳権・翻案権・上映権・譲渡権・公衆送信権（送信可能化権を含む）は、(株)メディカ出版が保有します。

ISBN978-4-8404-6192-4　　　　　　　　　　　　　　　　Printed and bound in Japan

当社出版物に関する各種お問い合わせ先（受付時間：平日9:00～17:00）
●編集内容については、編集局 06-6398-5048
●ご注文・不良品（乱丁・落丁）については、お客様センター 0120-276-591
●付属の CD-ROM、DVD、ダウンロードの動作不具合などについては、デジタル助っ人サービス 0120-276-592